全国高职高专汽车类"工学结合-双证制"人才培养"十三五"规划教材

汽车发动机机械系统的检测与维修

主　编　李江江　袁永超　许海华
副主编　周晶晶　常迎梅　倪沙沙　孙宝光
主　审　曾　鑫

华中科技大学出版社
中国·武汉

内 容 简 介

本书以发动机机械系统常见故障检修任务为依据,采用任务驱动式教学方法,按照企业实际工作中的典型工作任务对发动机机械系统的教学内容进行重新整合,确定从分析故障原因开始,直至完成检修作业所需的学习任务。本书在阐述发动机机械系统基本结构、原理与故障检修方法等基础知识的同时,也注重对汽车岗位综合能力的培养。本书有9个项目,共24个学习任务和13个技能训练,内容涉及发动机曲柄连杆机构检修、配气机构检修、冷却系统检修、润滑系统检修、进排气系统检修、发动机大修与总装和当今发动机上常见的新技术、新系统,涵盖了汽车发动机机械系统检修的主流技术和方法。

本书可作为中、高等职业技术院校汽车检测与维修技术和汽车运用技术等相关专业的基础课程教材,也可供汽车检测与维修技术人员参考和学习。

图书在版编目(CIP)数据

汽车发动机机械系统的检测与维修/李江江,袁永超,许海华主编. —-武汉:华中科技大学出版社,2017.8
高职高专汽车类"工学结合-双证制"人才培养"十三五"规划教材
ISBN 978-7-5680-2986-5

Ⅰ.①汽… Ⅱ.①李… ②袁… ③许… Ⅲ.①汽车-发动机-机械系统-检修-高等职业教育-教材 Ⅳ.①U472.43

中国版本图书馆CIP数据核字(2017)第128162号

汽车发动机机械系统的检测与维修　　　　　　　　李江江　袁永超　许海华　主编
Qiche Fadongji Jixie Xitong de Jiance yu Weixiu

策划编辑:王　剑	
责任编辑:罗　雪	
封面设计:杨玉凡	
责任校对:祝　菲	
责任监印:周治超	
出版发行:华中科技大学出版社(中国·武汉)	电话:(027)81321913
武汉市东湖新技术开发区华工科技园	邮编:430223
录　　排:武汉未来伙伴科技有限公司	
印　　刷:武汉市籍缘印刷厂	
开　　本:787mm×1092mm　1/16	
印　　张:12.25	
字　　数:303千字	
版　　次:2017年8月第1版第1次印刷	
定　　价:39.80元	

本书若有印装质量问题,请向出版社营销中心调换
全国免费服务热线:400-6679-118　竭诚为您服务
版权所有　侵权必究

前　言

近几年，汽车工业作为我国国民经济的支柱产业得到了迅猛发展，我国已成为世界汽车消费和生产大国之一。由于现代汽车集各项高新技术于一体，是典型的机电一体化产品，因此，汽车检修技术已成为集经验判断，各总成拆装、调整、修复，先进仪器分析、诊断、排除故障等于一体的综合技术。总之，汽车工业的快速发展和检修技术的变革，使我国汽车后市场急需大量高素质人才。

本书根据汽车后市场对人才素质的要求，结合汽车制造与检修技术的发展，融合多年来的教学、科研经验编写而成，期望为汽车服务业的人才培养及汽车相关领域技术人员的业务提升提供支持。

本书将汽车发动机机械系统的构造、原理、拆装、检修等知识融为一体，注重理论知识与实践技能相结合，构造、原理和检修与基本故障现象相结合，基本知识与先进技术及其发展趋势相结合，以揭示发动机结构因素、使用因素、技术状况、检修因素等与发动机整机性能和故障现象的内在联系，建立构造、原理等知识与检修、故障诊断等实际应用的关系，为读者构筑可持续发展的知识与技能平台。

本书由李江江、袁永超、许海华担任主编，周晶晶、常迎梅、倪沙沙、孙宝光担任副主编。具体编写分工为：项目一、项目二、项目三由李江江（天津职业大学）编写；项目四、项目五由袁永超（广东机电职业技术学院）编写；项目六、项目七由倪沙沙、孙宝光（天津市公用技师学院）共同编写；项目八由周晶晶（天津职业大学）编写；项目九由常迎梅（安徽国防科技职业学院）编写；另外许海华（广东科学技术职业学院），王青春（成都航空职业技术学院），李振兴、于文涛（天津职业大学）等老师也参与了部分项目或任务的编写。曾鑫（武汉软件工程职业学院）担任主审。

本书在编著过程中使用了部分图片，在此向这些图片的版权所有者表示诚挚的谢意！由于客观原因，我们无法联系到您，如您能与我们取得联系，我们将在第一时间更正任何错误或疏漏。

由于编者水平有限，书中难免有疏漏和不当之处，恳请广大读者批评指正。

目　　录

项目一　发动机的基本知识 1
　　任务一　发动机的分类及常用术语 1
　　任务二　发动机的基本构造和工作原理 3
项目二　曲柄连杆机构的构造与检修 10
　　任务一　机体组的构造与检修 11
　　任务二　活塞连杆组的构造与检修 15
　　任务三　曲轴飞轮组的构造与检修 26
　　技能训练1　气缸体、气缸盖的检修 31
　　技能训练2　活塞、连杆的检修 35
　　技能训练3　曲轴、飞轮的检修 40
项目三　配气机构的构造与检修 44
　　任务一　配气机构的分类 44
　　任务二　配气机构主要零部件的结构与检修 49
　　任务三　配气相位及气门间隙 59
　　技能训练1　气门组零件的检修 63
　　技能训练2　气门传动组零件的检修 69
　　技能训练3　配气机构的检测与调整 72
　　技能训练4　配气机构异响故障的诊断 74
项目四　润滑系统的构造与检修 76
　　任务一　润滑系统的作用和组成 76
　　任务二　润滑系统各构件的结构与检修 81
　　任务三　润滑系统的维护与常见故障诊断 89
　　技能训练　机油泵的检修 93
项目五　冷却系统的构造与检修 95
　　任务一　冷却系统的构造 95
　　任务二　冷却系统各构件的结构与检修 98
　　任务三　发动机冷却系统的维护与常见故障的诊断 107
　　技能训练　更换冷却液 108
项目六　汽油发动机燃料供给系统的构造与检修 111
　　任务一　汽油发动机燃料供给系统的结构 111

任务二　进、排气系统 …………………………………………………………………… 120
　　任务三　直喷系统简介 …………………………………………………………………… 126
　　任务四　增压系统简介 …………………………………………………………………… 130
　　技能训练　汽油泵的检修 ………………………………………………………………… 134
项目七　柴油发动机燃料供给系统的构造与检修 ………………………………………… 136
　　任务一　柴油发动机燃料供给系统 ……………………………………………………… 137
　　任务二　柴油发动机燃料供给系统电子控制燃油喷射技术简介 ……………………… 156
　　技能训练　喷油泵的检修 ………………………………………………………………… 161
项目八　发动机总装与调试 …………………………………………………………………… 165
　　任务一　发动机总装 ……………………………………………………………………… 165
　　任务二　发动机磨合与验收 ……………………………………………………………… 171
　　技能训练1　发动机吊装 ………………………………………………………………… 175
　　技能训练2　发动机的拆装与检测 ……………………………………………………… 176
项目九　发动机机械故障诊断常用工具、量具和专用工具 ……………………………… 178
　　任务一　常用工具的认识与使用 ………………………………………………………… 178
　　任务二　常用量具的认识与使用 ………………………………………………………… 182
　　任务三　常用专用工具的认识与使用 …………………………………………………… 185
参考文献 ………………………………………………………………………………………… 189

项目一　发动机的基本知识

【学习目标】
知识目标：掌握发动机的作用、类型；熟悉发动机的主要性能指标；熟悉发动机的燃烧过程；理解柴油发动机与汽油发动机的区别；掌握四冲程发动机的总体构造和工作原理。
技能目标：能查阅发动机维修资料；能按维修规范进行发动机拆装。

【案例导入】
一辆已使用10年的汽车进厂维修，客户反映该车近几个月来燃油消耗量明显增加，且动力有所下降，起动比较困难。

【学习引导】
我们应对这辆车进行全面检查，对发动机进行解体大修。如何解体发动机呢？本项目主要介绍发动机的基本构造及工作原理。在掌握发动机基本构造后，才能按正确的方法拆解发动机。

发动机是汽车的动力源。发动机是将其他形式的能量转变为机械能的机器，其中，将热能转变为机械能的发动机称为热力发动机（简称热机）。内燃机是热力发动机的一种，汽车上使用的发动机大多为内燃机，其作用是使液体或气体燃料的化学能通过燃烧转化为热能，然后再将其转化为机械能。另一种热力发动机是外燃机，如蒸汽机、汽轮机和热气机等。内燃机与外燃机相比，具有热效率高、体积小、便于移动、起动性能好等优点，因而广泛地应用于飞机、船舶、汽车、拖拉机、坦克等各种交通工具。

任务一　发动机的分类及常用术语

1.1　发动机的分类

汽车发动机的分类方法很多，按照不同的分类依据可以把汽车发动机分成不同的类型。

1. 按照完成工作循环所需的活塞行程数分类

按照完成工作循环所需的活塞行程数，汽车发动机可以分为二冲程发动机和四冲程发动机。现代汽车发动机一般采用四冲程发动机。

2. 按照气缸数目分类

按照气缸数目，汽车发动机可以分为单缸发动机和多缸发动机。多缸发动机有双缸、三缸、四缸、五缸、六缸、八缸、十二缸等多种。

3. 按照气缸的排列方式分类

按照气缸的排列方式，汽车发动机可以分为对置式发动机、直列式发动机、斜置式发动机和 V 形发动机。

4. 按照冷却方式分类

按照冷却方式，汽车发动机可以分为水冷式发动机和风冷式发动机。水冷式发动机冷却效果好，因而广泛应用于现代汽车。

5. 按照燃料类型分类

按照燃料类型，汽车发动机可以分为汽油发动机、柴油发动机和天然气发动机等。最常用的是汽油发动机和柴油发动机。

6. 按照进气方式分类

按照进气系统是否加装了增压装置，汽车发动机可以分为自然吸气（非增压）式发动机和强制进气（增压）式发动机。

7. 按照点火方式分类

按照点火方式，汽车发动机可以分为点燃式发动机和压燃式发动机。

1.2 发动机的常用术语

发动机常用术语如图 1-1 所示。

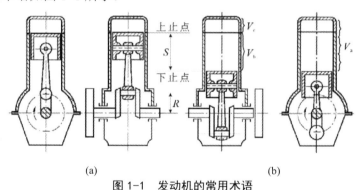

图 1-1 发动机的常用术语
(a) 活塞在上止点位置；(b) 活塞在下止点位置

1. 上、下止点

活塞在气缸里做往复直线运动时，活塞顶部离曲轴回转中心的最远位置为上止点，活塞顶部离曲轴回转中心的最近位置为下止点。

2. 活塞行程

上、下止点间的距离称为活塞行程，用 S 表示。曲轴旋转中心到曲柄销之间的距离称为曲柄半径，用 R 表示。显然，曲轴每旋转一周，活塞移动两个活塞行程。对于气缸中心线通过曲轴旋转中心的发动机，活塞行程为曲柄半径的 2 倍，即 $S = 2R$。

3. 气缸工作容积

活塞从上止点运行到下止点所扫过的空间的容积称为气缸工作容积，用 V_h 表示，单位为 L，即

$$V_\text{h} = \frac{\pi}{4}D^2 \times S \times 10^{-6}$$

式中：D——气缸直径，单位为 mm；S——活塞行程，单位为 mm。

4. 发动机排量

多缸发动机所有气缸工作容积的总和称为发动机的排量，用 V_L 表示。若发动机的缸数为 i，则有

$$V_\text{L} = iV_\text{h}$$

5. 燃烧室容积

当活塞位于上止点时，活塞顶部与气缸盖底部之间所形成的空间的容积称为燃烧室容积，用 V_c 表示，单位为 L。

6. 气缸总容积

当活塞位于下止点时，活塞顶部以上的整个空间的容积称为气缸总容积，用 V_a 表示，单位为 L。气缸总容积等于气缸工作容积与燃烧室容积之和，即

$$V_\text{a} = V_\text{h} + V_\text{c}$$

7. 压缩比

气缸总容积与燃烧室容积的比值称为压缩比，用 ε 表示，即

$$\varepsilon = \frac{V_\text{a}}{V_\text{c}} = \frac{V_\text{h} + V_\text{c}}{V_\text{c}} = 1 + \frac{V_\text{h}}{V_\text{c}}$$

压缩比的大小表示当活塞由下止点运动到上止点时，气缸内的气体被压缩的程度。压缩比越大，压缩终了时气缸内气体的压力和温度就越高。

任务二　发动机的基本构造和工作原理

1.3　发动机的基本构造

汽车发动机是一台由许多机构和系统组成的复杂机器，其结构形式多种多样，而为完成发动机工作循环所需的基本结构则大同小异。汽油发动机通常由曲柄连杆机构、配气机构等两大机构和燃料供给系统、润滑系统、冷却系统、点火系统、起动系统等五大系统组成。柴油发动机通常由同样的两大机构和四大系统（无点火系统）组成。图 1-2 所示为发动机总体构造。

1. 曲柄连杆机构

曲柄连杆机构由机体组、活塞连杆组和曲轴飞轮组三部分组成，其作用是将燃料燃烧所产生的热能转换为活塞直线往复运动和曲轴旋转运动所需的机械能，对外输出动力。机体组

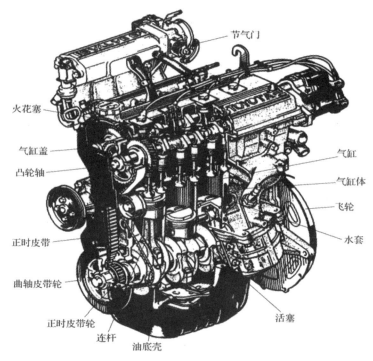

图1-2 发动机总体构造图

还是发动机各个机构、各个系统和一些其他部件的安装基础。

2. 配气机构

配气机构由进、排气门组和气门传动组两部分组成,其作用是使新鲜气体及时充入气缸并使废气及时排出气缸。

3. 燃料供给系统

汽油发动机燃料供给系统分为化油器式和电喷式两种。化油器式燃料供给系统由汽油箱、汽油泵、汽油滤清器、化油器、空气滤清器和进、排气管等组成。其作用是向气缸内供给已配好的可燃混合气,并控制进入气缸内的可燃混合气数量,以调节发动机的输出功率和转速,最后将燃烧后的废气排出气缸。电喷式燃料供给系统由汽油箱、汽油泵、压力调节器、传感器、ECU(电子控制单元)等组成,可根据空气流量的大小和转速的高低来决定喷油量的大小。ECU还接收不少修正信号,随时调节油气配比,确保汽油发动机的动力性、经济性和净化性。

柴油发动机燃料供给系统由柴油箱、柴油泵、喷油泵、柴油滤清器、喷油器、进气管、排气管和排气消声器等组成。其作用是向气缸内供给空气,并在规定时刻向气缸内喷入定量雾化柴油,以调节发动机的输出功率和转速,最后将燃烧后的废气排出气缸。

4. 冷却系统

冷却系统有水冷式和风冷式两种,现代汽车一般采用水冷式。水冷式冷却系统由水泵、散热器、风扇、分水管、节温器和水套等组成。冷却系统的作用是使发动机的多余热量散发到大气中去,从而保证发动机在正常温度状态下工作。

5. 润滑系统

润滑系统由机油泵、润滑油道、集滤器、机油滤清器、限压阀、油底壳等组成。其作用是将润滑油分送至各个摩擦零件的摩擦面,以减少摩擦带来的磨损,清洗和冷却摩擦表面。

6. 点火系统

只有汽油发动机才有点火系统。点火系统由电源(蓄电池和发电机)、点火线圈组件、传感器、火花塞等组成。其作用是在一定时刻向气缸内提供电火花,以点燃气缸内的可燃混合气。

7. 起动系统

起动系统由起动机及其附属装置组成。其作用是带动飞轮旋转以获得必要的动能和起动转速,使静止的发动机起动并转入自行运转状态。

1.4 四冲程汽油发动机的工作原理

四冲程发动机的工作循环包括四个活塞行程,即进气行程、压缩行程、做功(膨胀)行程和排气行程。单缸四冲程汽油发动机的工作过程如图 1-3 所示。

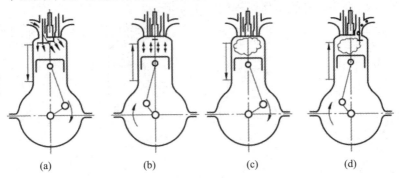

图 1-3 单缸四冲程汽油发动机的工作过程
(a) 进气行程;(b) 压缩行程;(c) 做功行程;(d) 排气行程

1. 进气行程

如图 1-3(a)所示,进气行程中,进气门开启,排气门关闭,曲轴带动活塞从上止点向下止点移动,活塞上方的气缸容积增大,从而气缸内气体的压力降低。当气缸内气体的压力低于大气压力时,可燃混合气便经进气管道和进气门被吸入气缸。由于进气系统有阻力,当进气终了时,气缸内气体压力为 0.075～0.09 MPa。由于气缸壁、活塞等高温机件以及残余高温废气对可燃混合气的加热,进气行程结束时,气缸内气体的温度升高到 370～440 K。

2. 压缩行程

如图 1-3(b)所示,压缩行程中进气门和排气门全部关闭,曲轴推动活塞由下止点向上止点移动。随着活塞的上移,气缸上方的容积不断减小,可燃混合气温度、压力均因压缩而升高。到压缩终了时,可燃混合气的压力会升高到 0.6～1.2 MPa,温度可达 600～800 K。

3. 做功行程

如图 1-3(c)所示,在压缩行程末期,当活塞接近上止点时,火花塞点燃被压缩的可燃混合气,可燃混合气迅速燃烧,放出大量的热能。因此,燃烧气体的温度和压力迅速增加,所能达到的最高压力为 3～5 MPa,相应的最高温度可达 2 200～2 800 K。燃料燃烧后所形成的高温高压燃气，推动活塞从上止点向下止点运动，并通过连杆使曲轴旋转，由此产生的转矩除了用于维持发动机本身继续运转外，还对外输出做功。活塞到达下止点时做功结束。

4. 排气行程

如图1-3（d）所示，当做功行程接近终了时，进气门关闭，排气门开启，发动机靠废气的残余压力自由排气。活塞到达下止点后再向上止点运动时，发动机继续将废气强制推出到大气中。活塞到达上止点附近时，排气行程结束。当排气行程终了时，气缸内气体的压力为0.105～0.115 MPa，温度为900～1 200 K。

1.5 四冲程柴油发动机的工作原理

四冲程柴油发动机和四冲程汽油发动机一样，每个工作循环也是由进气、压缩、做功和排气四个行程组成。但由于所使用燃料的性质不同，柴油发动机可燃混合气的形成和着火方式等与汽油发动机的有很大区别。下面主要介绍柴油发动机与汽油发动机工作循环的不同之处，单缸四冲程柴油发动机的工作过程如图1-4所示。

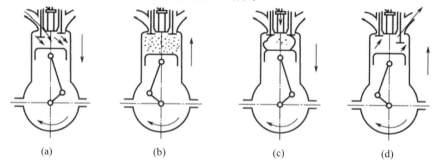

图 1-4 单缸四冲程柴油发动机的工作过程

(a) 进气行程；(b) 压缩行程；(c) 做功行程；(d) 排气行程

1. 进气行程

进气行程如图1-4（a）所示。柴油发动机在进气行程中吸入气缸的是纯空气，其进气阻力比汽油发动机的小，上一行程残留的废气温度也比汽油发动机的低。进气行程终了时，气缸内气体的压力为0.075～0.095 MPa，温度为320～350 K。

2. 压缩行程

压缩行程如图1-4（b）所示。柴油发动机的压缩比为15～22，压缩终了时气缸内气体的温度和压力都比汽油发动机的高，压力可达3～5 MPa，温度为800～1500 K。

3. 做功行程

做功行程如图1-4（c）所示。在压缩行程接近完成时，喷油泵将高压柴油经喷油器喷入气缸内，高压雾状柴油在高温高压空气中迅速汽化，并与空气形成混合气。由于此时气缸内气体的温度远高于柴油的自燃温度（约500 K），柴油混合气便立即自行着火燃烧，且此后一段时间内边喷油边燃烧，气缸内气体的压力和温度急剧升高，推动活塞下行做功。做功行程中，气缸内气体瞬时压力可达5～10 MPa，瞬时温度可达1 800～2 200 K。做功行程终了时，气缸内气体压力为0.2～0.4 MPa，温度为1 200～1 500 K。

4. 排气行程

排气行程如图 1-4（c）所示。此行程与汽油发动机基本相同，排气行程终了时，气缸内气体的压力为 0.105～0.125 MPa，温度为 800～1 000 K。

由上述四冲程汽油发动机和柴油发动机的工作循环可知，两种发动机工作循环的基本内容相似。每个工作循环曲轴旋转 2 周（720°），每一行程曲轴旋转 1/2 周（180°）。四个行程中，只有做功行程产生功率并对外输出，其他三个行程是消耗动力的，但它们为做功行程做准备，也不可或缺。发动机起动时的第一个工作循环必须有外力使曲轴旋转，以完成进气和压缩行程，当做功行程开始后，做功能量便通过曲轴储存在飞轮内，使以后的行程和工作循环得以继续进行。

1.6　二冲程汽油发动机的工作原理

二冲程发动机的工作循环为曲轴旋转一周，活塞在气缸内上、下往返两个行程，即可完成发动机的进气、压缩、做功和排气四个工作过程。单缸二冲程汽油发动机的工作过程如图 1-5 所示。

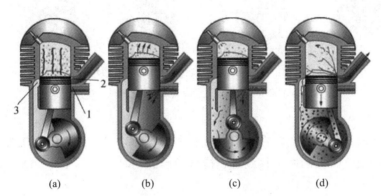

图 1-5　单缸二冲程汽油发动机的工作过程

(a) 压缩；(b) 进气；(c) 燃烧；(d) 排气

1—进气孔；2—排气孔；3—扫气孔

1. 第一冲程

活塞由曲轴带动从下止点向上止点移动，当活塞上行至关闭扫气孔和排气孔时，如图 1-5（a）所示，已进入气缸的可燃混合气被压缩。当活塞继续上移至上止点时，压缩过程结束；同时，在活塞上行过程中，其下方曲轴箱内形成一定真空度。当活塞上行到一定位置时，进气孔开启，如图 1-5（b）所示，新鲜可燃混合气被吸入曲轴箱。至此第一冲程结束。

2. 第二冲程

当活塞接近上止点时，火花塞产生电火花，点燃被压缩的可燃混合气，燃烧形成的高温高压气体推动活塞下行做功。如图 1-5（c）所示，当活塞下行到关闭进气孔后，曲轴箱内的可燃混合气被预压。当活塞继续下行至排气孔开启时，如图 1-5（d）所示，燃烧后废气靠自身压力经排气孔排出。紧接着扫气孔开启，曲轴箱内经预压的可燃混合气进入气缸，并排除气缸内的残余废气，这一过程称为扫气过程。它将一直持续到下一冲程活塞再次关闭扫气孔和排气孔时为止。当活塞下行到下止点时，第二冲程结束。

由上述两个冲程可知：第一冲程时，活塞上方进行换气、压缩工作，活塞下方进行进气工作；第二冲程时，活塞上方进行做功、换气工作，活塞下方进行预压可燃混合气工作。换气过程跨越两个冲程。

1.7 二冲程柴油发动机的工作原理

二冲程柴油发动机的工作循环与汽油发动机的主要不同之处是，前者进入气缸的是纯空气，后者进入气缸的是可燃混合气。二冲程柴油发动机的工作过程如图1-6所示。二冲程柴油发动机一般带有换气泵，换气泵的作用是将纯空气提高压力后，使高压纯空气经气缸外部的空气室和气缸壁（或气缸套）上的一圈进气孔进入气缸内。

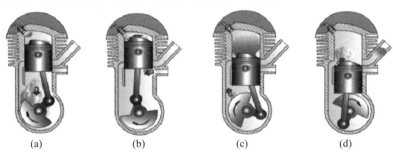

图 1-6 单缸二冲程柴油发动机的工作过程
(a) 换气；(b) 压缩；(c) 燃烧；(d) 排气

1. 第一冲程

活塞由下止点向上止点移动，在此前进气孔和排气门均已开启，由换气泵提压后的新鲜空气进入气缸进行换气。当活塞上移到进、排气门已关闭时（见图1-6（a）），进入气缸的空气开始被压缩（见图1-6（b））。

2. 第二冲程

当活塞上移至接近上止点时，喷油器向气缸内喷入雾状柴油，并自行着火燃烧（见图1-6（c））。在活塞到达上止点后，着火燃烧的高温高压气体推动活塞下行做功，当活塞下行到2/3行程时，排气门开启，废气靠自身压力排出气缸（见图1-6（d））。此时，进气孔开启，进行与二冲程汽油发动机类似的换气过程。

由上述二冲程汽油发动机和柴油发动机的工作循环可知，进气和压缩在活塞上行时完成，做功和排气在活塞下行时完成，二冲程发动机的进、排气过程几乎是重叠进行的，所以在换气过程中存在可燃混合气损失和废气难以排尽的缺点，经济性较差。此外，二冲程发动机每完成一个工作循环，曲轴只旋转一周，即当转速相等时，二冲程发动机的做功次数比四冲程发动机的多一倍。因此，当它运转平稳时，与同排量四冲程发动机比较，二冲程发动机的输出功率在理论上应是四冲程发动机的2倍，但由于换气时的可燃混合气损失，实际是1.5～1.6倍。

二冲程汽油发动机在摩托车上应用较多。二冲程柴油发动机的换气过程没有燃料损失，经济性比二冲程汽油发动机要好，多用在要求发动机功率大、质量小的轮船上，在一些中型汽车上也有应用。

1.8 多缸发动机的工作原理

由前述内容可知，四冲程发动机工作循环的四个活塞行程中，只有一个行程是做功的，其余三个行程则是做功的准备行程。因此，在单缸发动机内，曲轴每旋转 2 周，其中只有 1/2 周是由膨胀气体使曲轴旋转，其余 3/2 周曲轴则依靠飞轮惯性维持旋转。显然，在做功行程内，曲轴的转速比其他三个行程内的要大，所以曲轴转速是不均匀的，因而发动机运转就不平稳，工作振动会很大。为了解决这个问题，单缸发动机的飞轮必须具有很大的转动惯量，而这样做将使整个发动机的质量和尺寸增加。采用多缸发动机可以补救上述缺点，因此现代汽车基本不用单缸发动机，用得最多的是四缸、六缸和八缸发动机。

在多缸四冲程发动机的每一个气缸内，所有的工作过程是相同的，并按上述单缸四冲程发动机的同样次序进行，但所有气缸的做功行程并不能同时发生。例如：四缸发动机各缸做功冲程间隔角为 180°（720°/4），即曲轴每转 1/2 周便有一个气缸内进行做功行程；八缸发动机各缸做功冲程间隔角为 90°（720°/8），即曲轴每转 1/4 周便有一个气缸内进行做功行程。气缸数愈多，发动机的工作便愈平稳，但发动机的结构也会愈复杂，其尺寸及质量也会增加。

思考与练习

（1）什么是发动机？发动机是如何分类的？

（2）发动机一般由哪些机构和系统组成？简要说明发动机各组成部分的作用。

（3）某四冲程汽油发动机有 4 个气缸，气缸直径为 88 mm，活塞行程为 90 mm，压缩比为 8.5。计算其气缸工作容积、燃烧室容积和发动机排量。

（4）比较四冲程汽油发动机和四冲程柴油发动机工作过程的不同之处。

（5）比较二冲程汽油发动机和二冲程柴油发动机工作过程的不同之处。

（6）发动机的有效功率、有效转矩和有效燃油消耗率分别是什么？

项目二　曲柄连杆机构的构造与检修

【学习目标】

知识目标：掌握曲柄连杆机构的作用和组成；掌握曲柄连杆机构的受力分析；掌握机体组、活塞连杆组、曲轴飞轮组的主要零件的构成及其装配连接关系。

技能目标：掌握机体组、活塞连杆组、曲轴飞轮组的主要零件的检测和维修方法；了解曲柄连杆机构的装配与调整方法。

【案例导入】

一辆汽车正在行驶中，司机突然听到异响，立即停车，还未停稳时又听到"咣"的一声，汽车已不能行驶。下车一看，气缸体已被打出一个大洞，连杆伸出。

【学习引导】

把事故车辆拖回维修厂，拆开发现有个连杆螺栓拉断，连杆的上瓦盖掉下来，连杆身顶碎气缸体。是什么原因造成这么大的事故呢？这个事故发生在发动机的曲柄连杆机构上，本项目主要介绍曲柄连杆机构的构造与检修。

曲柄连杆机构如图2-1所示，它由机体组、活塞连杆组和曲轴飞轮组三部分组成。它的作用是将燃料燃烧时产生的热能转变为活塞往复运动的机械能，再通过连杆将活塞的往复运动变为曲轴的旋转运动，从而对外输出动力。多缸发动机的曲柄连杆机构的结构取决于气缸数量与气缸的布置形式。不同气缸数及结构的发动机，其曲柄连杆机构的结构有所不同。汽车发动机一般采用多缸直列式或V形发动机。

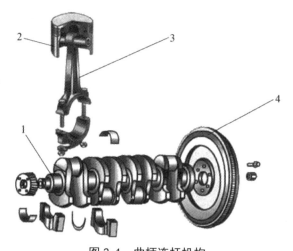

图2-1　曲柄连杆机构

1—曲轴；2—活塞；3—连杆；4—飞轮

任务一　机体组的构造与检修

机体是发动机的骨架，许多零部件和辅助系统的元件都安装在机体上，它是发动机的固定件。机体组由气缸体、气缸盖和气缸垫等组成。

2.1　气缸体

水冷发动机的气缸体和上曲轴箱常铸成一体，称为气缸体-曲轴箱，简称气缸体，如图 2-2 所示。气缸体是发动机各个机构和系统的装配基体，是发动机中的重要基础部件。因此，气缸体应具有足够的刚度和强度。气缸体大多采用铸铁铸造，也有采用铝金属材料的。

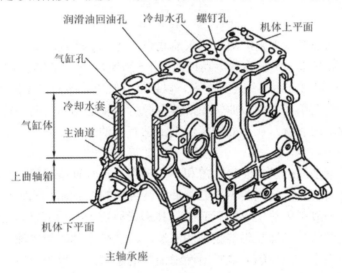

图 2-2　气缸体

1. 气缸和气缸套

气缸体上半部有若干个为活塞在其中运动做导向的圆柱形空腔，称为气缸。水冷式气缸周围和气缸盖中均有用于充水的空腔，称为水套。气缸体和气缸盖上的水套是相互连通的，水套中的冷却水流过高温零件的周围，将热量带走，达到散热的目的。缸体分为有气缸套式和无气缸套式两种。其中，有气缸套式缸体的气缸套按其与冷却水是否接触，又可分为干式气缸套和湿式气缸套两种，如图 2-3 所示。

干式气缸套外壁不直接与冷却水接触，而和气缸体的壁面直接接触。干式气缸套的壁厚一般为 1～3 mm，其强度和刚度都较高，但加工比较复杂，内、外表面都需要进行精加工，且拆装不方便，散热不良。

湿式气缸套外壁直接与冷却水接触，仅在上、下各有一圆环区域和气缸体的壁面直接接触。湿式气缸套的壁厚一般为 5～9 mm，其散热良好，冷却均匀，拆装方便，加工容易，通常只需要精加工内表面，而与冷却水接触的外表面不需要精加工。但其强度、刚度不如干式气缸套的高，而且容易产生漏水现象。所以湿式气缸套常加 1～2 mm 的橡胶密封圈防止漏水，

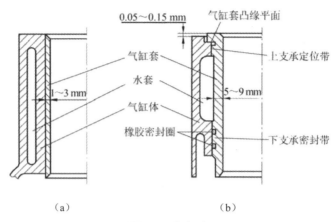

图 2-3 气缸套

(a) 干式气缸套；(b) 湿式气缸套

使用和维修时应密切注意，否则冷却水漏入油底壳，将产生严重后果。

大多数湿式气缸套压入气缸体后，其顶面高出气缸体上平面 0.05～0.15 mm。这样，当紧固气缸盖螺栓时，可将气缸盖衬垫压得更紧，以保证气缸更好的密封性和气缸套更好的定位。

气缸体下半部为支承曲轴的上曲轴箱，其内腔为曲轴运动的空间。在上曲轴箱上制有主轴承座孔；为了轴承的润滑，在上曲轴箱侧壁上钻有主油道，在其前、后壁和中间隔板上钻有分油道。

气缸体的上、下平面用于安装气缸盖和下曲轴箱，是气缸修理的加工基准。下曲轴箱也称油底壳，如图 2-4 所示，它主要用于贮存润滑油并密封曲轴箱，同时也可起到使润滑油散热的作用。油底壳一般采用薄钢板冲压而成，其形状取决于发动机总体结构和润滑油容量。为保证发动机纵向倾斜时机油泵仍能吸到润滑油，油底壳中部做得较深，并在最深处装有放油螺塞。有的放油螺塞是磁性的，能吸附润滑油中的金属屑，以减少发动机运动件的磨损。油底壳内还设有稳油挡板，防止汽车振动时油面波动过大。为防止漏油，油底壳一般都有密封垫，有的油底壳也采用密封胶密封。

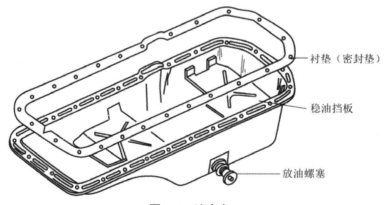

图 2-4 油底壳

2. 气缸体的结构形式

气缸体的结构形式有平分式、龙门式和隧道式三种，如图 2-5 所示。

项目二　曲柄连杆机构的构造与检修

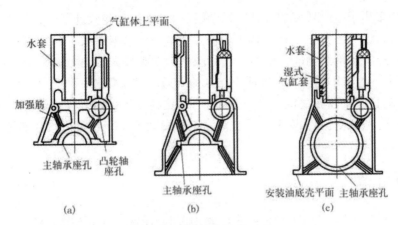

图 2-5　气缸体的结构形式

(a) 平分式；(b) 龙门式；(c) 隧道式

平分式气缸体的发动机的曲轴轴线与气缸体下平面在同一平面上，其特点是便于机械加工，但刚度较低，曲轴前后端的密封性较差，多用于中小型发动机。

龙门式气缸体的发动机的曲轴轴线高于气缸体下平面，其特点是刚度和强度较高，密封简单、可靠，维修方便，但工艺性较差，多用于大中型发动机。

隧道式气缸体的主轴承孔不分开，其特点是结构刚度最高，质量也最大，主轴承的同轴度易保证，但拆装比较麻烦，多用于主轴承采用滚动轴承的组合式曲轴。

3. 气缸的排列方式

发动机气缸的排列方式基本上有三种：直列式、V 形和对置式，如图 2-6 所示。

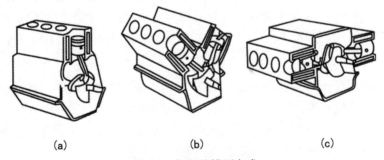

图 2-6　气缸的排列方式

(a) 直列式；(b) V 形；(c) 对置式

直列式发动机的各个气缸排成一列，所有气缸共用一根曲轴和一个气缸盖，气缸一般垂直布置。直列式发动机结构简单，易于制造，从而在一定程度上降低了成本，但其长度和高度较大。有些发动机为了降低高度，有时也把气缸布置成倾斜的，一般六缸以下的发动机多采用直列式。

V 形发动机将气缸排成两列，其气缸中心线的夹角小于 180°，最常见的为 60°～90°。这种设计采用一根曲轴驱动两列气缸中的活塞运动，曲轴的每个连杆轴颈上连接两个连杆，发动机必须有两个气缸盖。V 形结构缩短了发动机的长度，降低了发动机的高度，改善了车辆外部空气动力学特性，且增加了气缸体的刚度，但也使发动机宽度增加，形状复杂，加工

13

困难。V形结构多用于气缸数多的大功率发动机。一些制造厂也设计了一种特殊的V形结构,称为W形结构。它看上去与V形结构很相像,但与V形结构相比,每一侧的活塞数增加了一倍。这种W形发动机结构非常紧凑,尺寸较小,却有较大的动力。W形发动机多用在负荷较重的车辆上,这些车辆需要十缸或十二缸的动力,但却要求发动机尺寸较小。

对置式发动机两列气缸之间的夹角为180°,这种设计采用一根曲轴,曲轴的每个轴颈上连接两个连杆,发动机必须有两个气缸盖。这种发动机高度最低,多用在发动机垂直空间很小的车辆上。

2.2 气缸盖

气缸盖的作用是封闭气缸上部,并与活塞顶部和气缸壁一起构成燃烧室。

气缸盖是发动机上最复杂的零件之一。气缸盖内部有与气缸体相通的冷却水套;有进、排气门座,气门导管孔和进、排气通道;有燃烧室、火花塞座孔或喷油器座孔等。上置凸轮轴式发动机的气缸盖上还有用以安装凸轮轴的轴承座。

气缸盖的材料一般为优质灰铸铁、合金铸铁或铝合金铸铁。

1. 气缸盖的结构形式

汽车发动机气缸盖的结构形式有两种:整体式和分开式。

整体式是指多缸发动机的多个气缸共用一个气缸盖。整体式气缸盖结构紧凑,零件数少,可缩短气缸中心距和发动机总长度,制造成本低。当气缸数不超过6个,气缸直径小于105 mm时,发动机均采用整体式气缸盖。

分开式是指一个、两个或三个气缸共用一个气缸盖。分开式气缸盖刚度较高,变形小,易于实现对高温高压可燃混合气的有效密封,同时易于实现发动机产品的系列化。但气缸盖零件数增多会使气缸中心距增大,所以分开式气缸盖一般用在气缸直径较大的发动机上。

2. 燃烧室

汽油发动机的燃烧室由活塞顶部及气缸盖上相应的凹部空间组成。对燃烧室有如下基本要求:一是结构尽可能紧凑,冷却面积要小,以减少热量损失,并缩短火焰行程;二是要使可燃混合气在压缩终了时具有一定的涡流运动,以提高可燃混合气的混合质量和燃烧速度,保证可燃混合气及时和充分燃烧;三是表面要光滑,不易积炭。

汽油发动机燃烧室的常用结构形式有楔形、盆形和半球形三种,如图2-7所示。

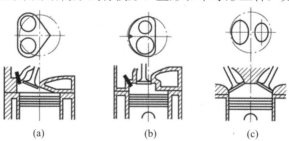

图2-7 汽油发动机燃烧室的结构形式

(a) 楔形燃烧室;(b) 盆形燃烧室;(c) 半球形燃烧室

楔形燃烧室是横剖面呈楔形的燃烧室。其结构简单、紧凑，散热面积小，热损失小，能保证可燃混合气在压缩行程中形成良好的涡流运动，有利于提高可燃混合气的混合质量，进气阻力小，提高了充气效率，但火花塞置于楔形燃烧室高处，火焰传播距离长，爆燃倾向大，而且存在较大激冷面，容易形成有害碳氢化合物。

盆形燃烧室是横剖面呈倒浴盆形的燃烧室。其结构简单，制造成本低，但不够紧凑，散热面积大，热损失大，火焰传播距离长，爆燃倾向大。

半球形燃烧室是横剖面呈半球形的燃烧室。其结构紧凑、复杂，火花塞布置在燃烧室中央，火焰行程短，燃烧速率高，散热少，热效率高，可采用4气门结构，充气效率高，排气净化好，在汽车发动机上有广泛应用。

2.3 气缸垫

气缸垫的作用是保证气缸盖与气缸体接触面的密封性，防止漏气、漏水和漏油。

目前应用较多的是铜皮-石棉结构的气缸垫，如图2-8所示，其翻边处有三层铜皮，压紧时不易变形。有的气缸垫在石棉中心以编织的钢丝网或有孔钢板为骨架，两面用石棉及橡胶黏结剂压成。有的气缸垫采用实心、有弹性的金属片，以适应发动机强化要求。

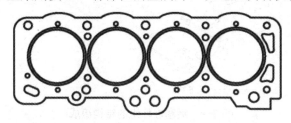

图2-8 气缸垫

安装时应注意将气缸垫光滑的一面朝向气缸体，否则气缸垫容易被高压气体冲坏。气缸垫上的孔要和气缸体上的孔对齐。拧紧气缸盖螺栓时，必须按由中央对称地向四周扩展的顺序，分2~3次进行，以规定的力矩拧紧。

2.4 气缸盖罩

气缸盖罩一般用铝合金铸造或用薄钢板冲压制成。它用来密封配气机构等零部件，防止灰尘进入，以免其污染润滑油或加快气门传动机构的磨损。有的气缸盖罩上有加油口和曲轴箱通风管接口。气缸盖罩与气缸盖结合面需加上橡胶衬垫进行密封。

任务二 活塞连杆组的构造与检修

活塞连杆组分为活塞组和连杆组两部分，由活塞、活塞环、活塞销、连杆等组成，如图2-9所示。

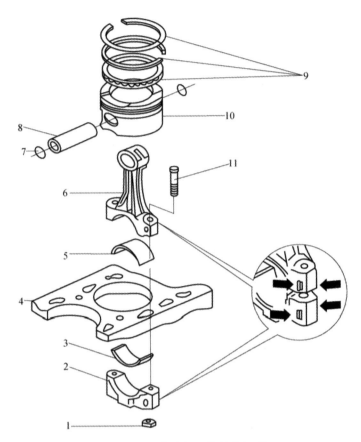

图 2-9 活塞连杆组的结构组成

1—连杆螺母；2—连杆盖；3，5—连杆轴瓦；4—气缸；6—连杆；7—活塞销挡圈；
8—活塞销；9—活塞环；10—活塞；11—连杆螺栓

2.5 活塞组

活塞组包括活塞、活塞环、活塞销等。

1. 活塞

活塞的功用是与气缸盖共同构成燃烧室，承受气体压力，并将此压力通过活塞销传给连杆，以推动曲轴旋转。当发动机工作时，气缸内的气体温度高达 2000 ℃以上，活塞顶部接触高温气体。高温会使材料的机械性能降低甚至产生高温蠕变。当活塞温度超过 370～400 ℃时，还会产生热裂现象。第一道活塞环槽温度超过 200～220 ℃，就会造成活塞环黏结。进气时，活塞又受到冷的气体冲刷，造成温度不均，引起较大的热应力和活塞变形。活塞工作温度高且做往复变速运动，润滑又困难，所以极易磨损。

根据活塞的工作条件，对活塞的要求是：有足够的刚度、强度和耐热性，以承受高温高压；加工精度要求高，保证密封又不增加磨损；尽量减小质量，以减少惯性载荷；润滑性和耐磨性良好，以提高寿命。

铝合金材料基本上满足上面的要求，因此，活塞一般采用高强度铝合金制成，但一些低速柴油发动机的活塞也采用高级铸铁或耐热钢制造。

活塞的基本结构可分为顶部、头部和裙部三部分，如图 2-10 所示。

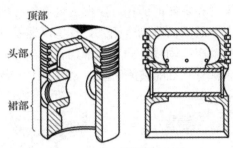

图 2-10　活塞的基本结构

1）活塞顶部

活塞顶部是燃烧室的组成部分，主要有平顶、凹顶和凸顶等几种形状，如图 2-11 所示，具体形状取决于燃烧室的要求。汽油发动机活塞顶部多为平顶，其优点是加工简单，而且可减少顶部与可燃混合气的接触面积，从而使应力分布均匀。现代高压缩比、多气门发动机为满足燃烧室的要求，也有略微凸起或凹下的形状，还有为了避免活塞与气门碰撞而制成的凹坑。由于燃烧系统的不同，柴油发动机活塞顶部形状有较大的差异，非直喷式的涡流室式或预燃室式燃烧室的活塞顶部基本为平顶或微浅凹坑，而直喷式燃烧室为了柴油混合气形成的需要，一般均有较复杂的形状。

有的活塞顶部有装配记号"←"，装配时箭头应指向前方。

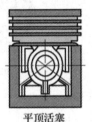  

　　平顶活塞　　　　凸顶活塞　　　　凹顶活塞

图 2-11　活塞顶部形状

2）活塞头部

活塞头部是活塞最下边一道环槽以上的部分，其作用是承受气体压力，并将压力通过活塞销座、活塞销传给连杆，同时与活塞环一起实现对气缸的密封，并将活塞顶部吸收的热量通过活塞环传导到气缸壁。

活塞头部切有若干道用以安装活塞环的环槽，发动机活塞一般有 2~3 道气环槽和 1 道油环槽。随着发动机高速化，气环槽数有减少的趋势。气环槽一般具有同样的宽度。油环槽的宽度比气环槽的大，且槽底加工有回油孔，油环刮下的润滑油从回油孔回到油底壳。

活塞环槽的宽度和深度略大于活塞环的厚度和高度，以保证发动机工作时，活塞环可在环槽内运动，以除去环槽内的积炭。活塞环槽的磨损程度常常是影响发动机使用寿命的一个重要因素，特别是第一道环槽温度高，材料硬度容易下降，磨损更为严重。为了保护环槽，提高活塞的使用寿命，有的发动机在活塞环槽部位铸入用耐热材料制成的环槽护圈。

3）活塞裙部

活塞裙部是活塞环槽以下的部分，其作用是为活塞在气缸内的往复运动做导向和承受侧压力。活塞裙部要有一定的长度和足够的面积，以保证可靠的导向性，减少磨损。活塞裙部的基本形状为一薄壁圆筒，完整的圆筒称为全裙式。许多高速发动机为了减小活塞质量，在活塞不受侧向力的两侧，即沿销座孔轴线方向将裙部切去一部分，形成拖板式裙部。这种裙部结构弹性较好，可以减小活塞与气缸的装配间隙，如图2-12所示。

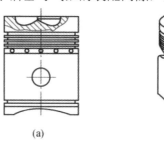

图2-12 活塞裙部形式

(a) 半拖板式；(b) 拖板式

活塞销座位于活塞裙部的上部，加工有座孔，用于安装活塞销，为厚壁圆筒结构。座孔内接近外端面处车有安放弹性锁环的锁环槽，锁环用来防止活塞销在工作中发生轴向窜动。

工作时，由于机械负荷和热负荷的影响，活塞会产生变形，如图2-13所示。

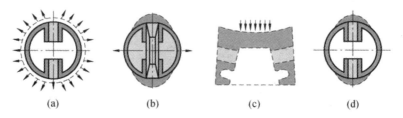

图2-13 活塞裙部横截面的变形

(a) 销座热膨胀；(b) 挤压变形；(c) 弯曲变形；(d) 裙部变形

在圆周方向，活塞裙部直径沿活塞销座轴线方向增大，使裙部变成长轴；在活塞销座轴线方向上，活塞裙部截面是椭圆，这是由于气体压力和侧压力的作用。同时，活塞销座附近金属堆积，受热后膨胀量较大，使得活塞径向产生了椭圆变形。在高度方向，由于温度和质量分布不均匀，故变形量上大下小。

为了保证活塞在工作时与气缸壁间保持比较均匀的间隙，以免其在气缸内卡死或引起局部磨损，必须在结构上采取各种措施。

（1）冷态下将活塞制成裙部断面为长轴垂直于活塞销方向的椭圆，轴线方向为上小下大的近似圆锥形，如图2-14所示。

（2）活塞销座附近的裙部外表面制成0.5～1.0 mm的凹陷形式。

（3）在活塞裙部受侧压力小的一侧开Π形槽或T形槽，如图2-15所示。其中横槽称为绝热槽，可减少从活塞头部向裙部的传热，使裙部膨胀量减小；纵槽称为膨胀槽，可使裙部具有弹性。这样，冷态下可使活塞与气缸壁间的间隙减小，热态下又因槽的补偿作用，使活塞不致卡死在气缸中。

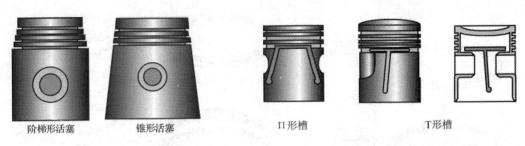

图 2-14　活塞头部形状　　　　　图 2-15　活塞裙部开绝热-膨胀槽

（4）采用双金属活塞，即在活塞裙部或销座内嵌铸入钢片，以减小裙部的膨胀量。根据结构和作用原理的不同，双金属活塞可分为恒范钢片式、自动调节式和筒形钢片式等几种，如图 2-16 所示。

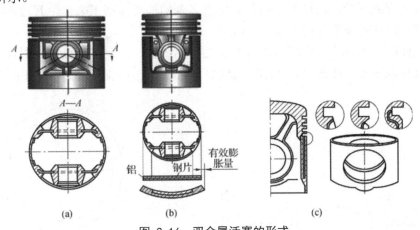

图 2-16　双金属活塞的形式

(a) 恒范钢片式活塞；(b) 自动调节式活塞；(c) 筒形钢片式活塞

采取上述措施后，活塞裙部与气缸壁之间的冷态装配间隙便可减小，避免发动机产生冷"敲缸"现象。

2．活塞环

活塞环有气环和油环两种，其结构如图 2-17 所示。

气环的作用是保证活塞与气缸壁间的密封性，防止气缸中的高温高压气体进入曲轴箱，同时还将活塞顶部的热量传导到气缸壁，再由冷却液或空气带走。一般发动机的每个活塞上装有 2～3 道气环。受力闭合的气环为一带有切口的弹性片状圆环。在自由状态下，气环不是圆环形，其外形尺寸略大于气缸的内径。当气环装入气缸后，产生的弹力使气环压紧在气缸壁上，在其切口处具有一定的间隙。

油环用来刮除气缸壁上多余的润滑油，并在气缸壁上布上一层均匀的油膜。通常发动机上有 1 道油环。油环有整体式和组合式两种结构形式，如图 2-18 所示。

整体式油环外圆面的中间切有一道凹槽，在凹槽底部加工出很多排油小孔或缝隙。

组合式油环由上、下刮片和产生径向、轴向弹力的衬簧组成，这种油环刮片很薄，对气缸壁单位面积的压力大，刮油作用强。组合式油环质量小，回油通道大，在高速发动机上得到了广泛应用。

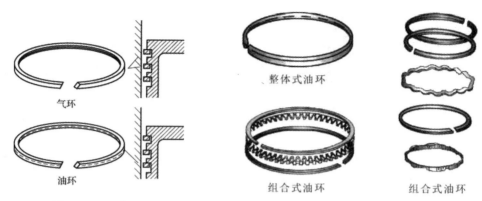

图 2-17 活塞环　　　　　　　　图 2-18 油环的形式

无论活塞上行或下行,油环都能将气缸壁上多余的润滑油刮下来,使其经活塞上的回油孔流回油底壳。油环的刮油作用如图 2-19 所示。

发动机工作时,活塞、活塞环等机件都会发生热膨胀。为保证气缸的密封性,防止活塞环卡死在气缸内或胀死于环槽中,安装时,活塞环应留有端隙、侧隙和背隙,如图 2-20 所示。

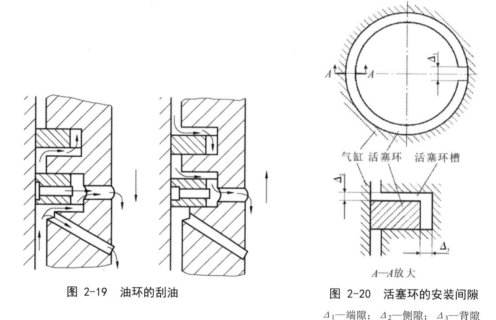

图 2-19 油环的刮油　　　　　　图 2-20 活塞环的安装间隙

Δ_1—端隙;Δ_2—侧隙;Δ_3—背隙

端隙 Δ_1 又称为开口间隙,是指活塞环在冷态下装入气缸且位于上止点时,活塞环开口处的间隙。间隙大小一般在 0.25～0.50 mm 之间。

侧隙 Δ_2 又称为边隙,是指活塞环装入活塞后,其侧面与活塞环槽之间的间隙。第一道环因工作温度高,间隙较大,一般为 0.04～0.10 mm,其他气环一般为 0.03～0.07 mm,油环侧隙较气环侧隙小。

背隙 Δ_3 是指活塞及活塞环装入气缸后,活塞环内圆柱面与活塞环槽底部间的间隙,间隙大小一般在 0.50～1.00 mm 之间。油环背隙较气环背隙大,以增大存油间隙,利于减压泄油。

1）气环的密封原理

活塞环在自由状态下不是圆环形，其外形尺寸比气缸内径大。因此，它随活塞一起装入气缸后，便产生弹力 F_1 而紧贴在气缸壁上，形成第一密封面，使气体不能通过活塞环与气缸接触面的间隙。活塞环在气体压力作用下，压紧在环槽的下端面上，形成第二密封面，于是气体绕流到活塞环的背面，并发生膨胀，压力降低。同时，气体压力对活塞环背的作用力 F_2 使活塞环更紧地贴在气缸壁上，形成对第一密封面的第二次密封，如图 2-21 所示。

当气体从第一道气环的切口漏到第二道气环的上平面时，其压力已有所降低，又把第二道气环压贴在第二道环槽的下端面上。于是，气体又绕流到第二道气环的背面，再次发生膨胀，其压力进一步降低。如此下去，从最后一道气环漏出来的气体，其压力和流速已大大减小，因而漏气量也就很少了。为减少气体泄漏，将活塞环装入气缸时，各道气环的开口应相互错开。

如有三道气环，则各道环开口应沿圆周成 120°夹角；如有四道气环，则第一、二道互错 180°，第二、三道互错 90°，第三、四道互错 180°，形成迷宫式的路线，增大漏气阻力，减少漏气量。

2）气环的泵油现象

由于侧隙和背隙的存在，当发动机工作时，气环便产生了泵油作用。气环在气体压力、惯性力、摩擦力的作用下，反复地贴在环槽的上、下沿，如图 2-22 所示。

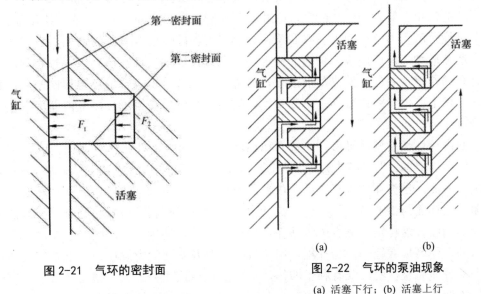

图 2-21 气环的密封面

图 2-22 气环的泵油现象
(a) 活塞下行；(b) 活塞上行

当活塞下行（进气行程）时，气环贴在环槽的上沿，气环从气缸壁上刮下来的润滑油充入环槽下方。当活塞上行（压缩行程）时，气环又贴在环槽的下沿，将润滑油挤压到环槽上方。如此反复运动，气环就将润滑油泵到活塞顶。

气环的泵油作用虽然对润滑困难的气缸是有利的，但随着发动机转速的日益提高，泵油作用加剧，不仅会增加润滑油的消耗，而且可能使火花塞因沾油而不能产生电火花，并使燃烧室内积炭增多，甚至会使环槽内形成积炭，挤压活塞环而使其失去密封性。另外，气环的泵油作用还加剧了气缸等机件的磨损。

为此，活塞环多在结构上采取如下措施：尽量减小气环的质量，气环采取特殊的断面形状，油环下设减压腔，油环加衬簧，采用组合式油环等。

3）气环的断面形状

为了增大压强、加强密封、加速磨合、减小泵油作用和改善润滑性能（布油和刮油），除合理选择材料及加工工艺外，气环在结构上还采用了许多不同的截面形状，常见的有如图2-23所示的几种。

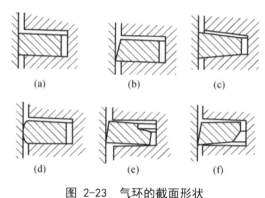

图 2-23 气环的截面形状

(a) 矩形环；(b) 锥形环；(c) 梯形环；(d) 桶面环；(e) 正扭曲内切环；(f) 反扭曲锥形环

矩形环结构简单，制造方便，且与气缸壁接触面积大，有利于活塞头部的散热。

锥形环的锥角一般为 $30'\sim60'$，这种气环只能按图示方向安装（环上多有标记）。它与气缸壁是线接触，单位压力大，有利于密封和磨合；随着磨合里程的增加，它与气缸壁的接触面也逐渐增大，最后便成为普通的矩形环。另外，这种气环在活塞下行时有刮油作用，上行时有布油作用，并且可形成楔形油膜，改善气缸润滑状况。锥形环传热性差，常装到第二、三道环槽上。由于锥角很小，不易识别，为避免装错，在锥形环端上侧面标有记号（↑或 TOP 等）。

正扭曲内切环和反扭曲锥形环统称为扭曲环。扭曲环是将矩形环内圆上方或外圆下方切成台阶或倒角而成的。为了减少开口处的漏气量，外圆下方切口的环在离开口 $3\sim5$ mm 内仍保持原矩形截面。当气环装入气缸后，由截面不对称而产生的不平衡力，使气环发生扭曲变形。扭曲后的环面与锥形环相似，与气缸壁也是线接触，有利于密封和磨合，能刮油、布油和形成楔形油膜。这种结构减少了气环在环槽内的上下移动量，从而减轻了泵油作用，并减小了冲击力，使磨损减轻。做功行程作用于气环上侧及背面的燃烧压力，足以使气环不再扭曲。两个密封面完整接触，既有利于散热，也可防止单位压力过大。扭曲环目前被广泛地应用于第二道活塞环槽上，安装时必须注意截面形状和方向，内切口朝上，外切口朝下，不能装反。

梯形环用在某些热负荷较大的柴油发动机上。第一道气环容易因结胶而黏结在环槽内，失去作用。当活塞在侧压力作用下左、右换向时，活塞环的侧隙 Δ_2 和背隙 Δ_3 将不断变化，梯形环可使胶状油焦不断从环槽中被挤出，避免了上述故障。另外，当发动机停转、活塞冷却时，活塞径向收缩会加大活塞环的侧隙 Δ_2，可抵消轴向收缩，减小活塞环的背隙 Δ_2，避免活塞环滞住，这对冷车起动有利。半梯形环除上述作用外，还具有正扭曲内切环的特点。

桶面环是近几年来出现的一种新结构气环，其特点是气环的外圆面为凸圆弧形。桶面环在上下移动时，均能与气缸形成楔形空间，使润滑油容易进入摩擦面，从而使磨损大为减少。桶面环与缸壁是圆弧接触，能很好地适应活塞的摆动，避免了棱角负荷，接触面积小，有利于密封。

随着高压缩比、高速、大功率和短行程发动机的发展，气环趋于轻而窄，其优点是环面窄，摩擦产生的热量少，不易拉毛，质轻而不易产生跳动和颤动，可使活塞的尺寸减小，质量减小。

3. 活塞销

活塞销的作用是连接活塞和连杆，将活塞承受的气体作用力传给连杆。

活塞销承受着很大的周期性冲击载荷。为此，活塞销要有足够的强度和刚度，特别是刚度。另外，活塞销要尽量轻一些，以减小运动质量的惯性力。由于活塞销、销座和连杆小头靠飞溅油雾润滑，润滑条件很差，因此活塞销的表面要耐磨。

活塞销的内孔形状有三种：圆柱形、组合形、两段截锥形，如图 2-24 所示。

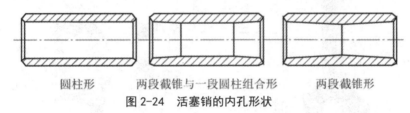

图 2-24 活塞销的内孔形状

圆柱形内孔结构简单，加工容易。但从受力角度分析，中间部分应力最大，两端应力较小。所以这种结构质量较大，往复惯性力大。为了减小质量、减小往复惯性力，活塞销内孔通常做成两段截锥形，接近等强度梁，但两段截锥形内孔的加工较复杂。组合形内孔的结构性能和复杂程度介于二者之间。

活塞销与活塞销座的连接形式有全浮式和半浮式两种，如图 2-25 所示。

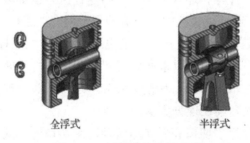

图 2-25 活塞销的连接方式

1）全浮式活塞销

活塞销与活塞销座大多采用全浮式连接，即在发动机运转过程中，活塞销不仅可以在连杆小头衬套孔内，还可以在座孔内缓慢地转动，以使活塞销各部分的磨损比较均匀。在采用铝活塞时，活塞销座的热膨胀量大于钢质活塞销的膨胀量。为了保证热状态下活塞销与销座的正常工作间隙（0.01～0.02 mm），在冷态装配时，活塞销与座孔采用过渡配合的装配方式。在装配时，应把铝活塞放在 70～80 ℃的油中加热，然后把活塞销轻推入座孔中。为了防止活塞销轴向窜动而刮伤气缸壁，在活塞销座孔两端用卡环嵌在销座环槽中加以轴向定位。

2）半浮式活塞销

半浮式连接就是活塞销与座孔和连杆小头接触的两处中，一处固定，一处浮动的连接方式。其中大多采用活塞销与连杆小头固定的方式，即加热连杆小头后，将活塞销压入，形成过盈配合，而活塞销与座孔间有一定的装配间隙。这种连接方式中，座孔内无卡簧，连杆小头处无衬套，省去了衬套的作业内容，适用于轻型高速发动机。

2.6 连杆组

连杆组的作用是将活塞承受的气体压力传给曲轴，推动曲轴转动，对外输出转矩。连杆组包括连杆、连杆螺栓、连杆轴承等，如图 2-26 所示。

图 2-26 连杆组

1. 连杆

连杆由连杆小头、连杆杆身和连杆大头（包括连杆盖）三部分组成。连杆小头与活塞销连接，采用全浮式连接时，连杆小头孔中有减磨的青铜衬套。连杆小头和衬套上钻有集油槽，用来收集飞溅的润滑油。有些发动机连杆小头采用压力润滑，则在连杆杆身内钻有纵向油道。

连杆杆身制成"工"字形截面，以求在强度和刚度足够的前提下减小连杆质量。

连杆大头与曲轴的连杆轴颈连接。为便于安装，连杆大头一般做成剖分式，被分开的部分称为连杆盖，用连杆螺栓紧固在连杆大头上。

连杆大头的切口形式分为平切口和斜切口两种，平切口连杆的剖分面垂直于连杆轴线。由于平切口连杆的大端具有较大的刚度，轴承孔受力变形小且制造费用低，汽油发动机大都采用这种结构。柴油发动机连杆受力较大，其尺寸往往超过气缸直径，为使连杆大头能通过气缸且拆装方便，一般采用斜切口。

连杆大头与连杆盖必须定位。平切口连杆大头的定位是利用连杆螺栓上精加工的圆柱凸台或光圆柱部分与精加工的螺栓孔来保证的，如图 2-27（a）所示。斜切口连杆的大头剖分面与连杆轴线成 30°～60° 的夹角，在工作中受到惯性力的拉伸，在切口方向有一个较大的横向分力，必须采用可靠的定位措施。斜切口连杆大头的常用定位方式有锯齿形定位、套筒定位和止口定位三种，如图 2-27（b），（c），（d）所示。

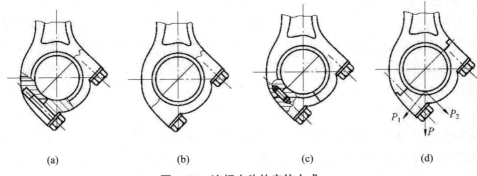

图 2-27 连杆大头的定位方式

(a) 连杆螺栓定位；(b) 锯齿形定位；(c) 套筒定位；(d) 止口定位

1）锯齿形定位

锯齿形定位的优点是锯齿接触面积大，贴合紧密，定位可靠，结构紧凑。但它对节距公差要求较严，采用拉削工艺能较好地满足要求，故这种定位在某些柴油发动机中常被采用。

2）套筒定位

连杆体的孔和连杆盖的孔分别加工，然后压配一个刚度大且剪切强度高的短套筒。这样，拆装连杆盖就十分方便。套筒定位的缺点是对套筒孔的加工要求高，当孔距不够准确时，会出现过定位而引起连杆大头孔严重失圆。另外，大头横向尺寸也较大。

3）止口定位

止口定位的优点是工艺简单、成本低，但不能防止连杆盖止口向外变形或连杆体止口向内变形。连杆盖与连杆体都是单向定位，定位不可靠，止口因加工误差或拆装变形对连杆大头孔影响较大，且连杆大头横向尺寸较大，不紧凑。

在汽车发动机中，斜切口连杆应用很少，一般都采用尺寸紧凑的平切口形式。

由于V形发动机左右两缸的连杆装在同一个曲柄销上，故其结构随布置方式的不同而不同。V形发动机的连杆布置有如下三种形式：并列连杆布置形式、主副连杆布置形式、叉形连杆布置形式，如图2-27所示。

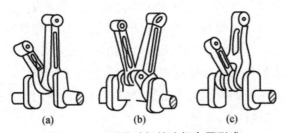

图 2-28 V形发动机的连杆布置形式

(a) 并列连杆；(b) 主副连杆；(c) 叉形连杆

1）并列连杆布置形式

两个相同的连杆一前一后并列地安装在同一个连杆轴颈上。这种连杆可以通用，其结构与单列式发动机的连杆结构相同，只是连杆大头宽度一般要稍小一些。但左右气缸要在轴向错开一段距离，致使发动机的长度增加，曲轴的长度增加，刚度降低。

2）主副连杆布置形式

在左右两列气缸中，一列气缸采用主连杆，其连杆大头直接安装在连杆轴颈的全长上；另一列气缸采用副连杆，其连杆大头与主连杆大头（或连杆盖）上的两个凸耳用销铰链连接。这种结构的连杆在同一个平面上运动，故气缸中心线位于同一平面内，发动机长度不会增加，其缺点是连杆不能互换。

3）叉形连杆布置形式

左右两列气缸对应的两个连杆中，一个连杆的大头做成叉形，跨于另一个连杆的厚度较小的片形大头两端。这种布置形式的优点是两列气缸中活塞连杆组的运动规律相同，左右对应的两气缸轴心线不需要在曲轴轴向上错位，缺点是叉形连杆大头结构和制造较复杂，连杆大头的刚度也不高。

2. 连杆轴承

连杆轴承也称连杆轴瓦（俗称小瓦），装在连杆大头内，用于保护连杆轴颈和连杆大头孔。由于工作时承受较大的交变载荷，且润滑困难，连杆轴承要具有足够的强度、良好的减磨性和耐腐蚀性。

连杆轴承由钢背和减磨层组成，为两半分开形式。钢背由厚为 1～3 mm 的低碳钢制成，是连杆轴承的基体；减磨层是由浇铸在钢背内圆上厚为 0.3～0.7 mm 的薄层减磨合金制成，减磨合金具有保持油膜、减少摩擦阻力和易于磨合的作用。连杆轴承如图 2-29 所示。

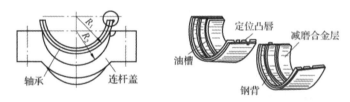

图 2-29 连杆轴承

3. 连杆螺栓

连杆螺栓一般采用韧度较高的优质碳素钢或优质合金钢制成，并经过热处理。连杆螺栓装配时要按规定的力矩上紧，使螺栓具有足够的预紧力，以保证连杆轴承与连杆大头孔良好贴合，保证连杆体与连杆盖之间有足够的压紧力。扭紧力矩过小，连杆剖分面处易产生缝隙，使连杆螺栓受到很大的附加拉力而疲劳断裂。反之，扭紧力矩过大，超过了螺栓材料的屈服极限，也会使螺栓变形甚至断裂。为此安装连杆螺栓时，应当用扭力扳手按规定力矩将两个螺栓分 2～3 次交替、均匀地拧紧。

任务三　曲轴飞轮组的构造与检修

曲轴飞轮组主要由曲轴和飞轮以及其他不同作用的零件和附件组成。其零件和附件的种类和数量取决于发动机的结构和性能要求。

2.7 曲轴

曲轴的功用是把活塞的往复直线运动变为曲轴的旋转运动，对外输出功率，并用来驱动发动机各辅助系统工作。

曲轴在工作中受到周期性变化的气体压力、往复直线运动质量惯性力、旋转运动质量惯性力及力矩的作用，这些周期性的交变载荷会引起曲轴的振动和疲劳破坏，同时会在曲轴轴颈与轴承之间造成严重磨损。因此，曲轴要具有足够的强度和刚度，特别是曲柄部分。若刚度不足，则曲轴的挠曲变形大，会使活塞、连杆、轴承等机件的工作条件恶化。同时，曲轴轴颈表面要有良好的润滑条件和耐磨性，要经过精加工和热处理。曲轴质量要小，一般用优质中碳钢或合金钢锻造而成。为了节约钢材、降低成本，近年来也用高强度的球墨铸铁来铸造曲轴。

曲轴的结构形式可分为整体式与组合式两大类。整体式曲轴将曲轴做成一个整体零件，它的优点是具有较高的强度和刚度、结构紧凑、质量小。组合式曲轴将曲轴分成若干个零件分别进行加工，然后组装在一起，构成完整的曲轴。其优点是加工方便，便于系列产品通用；缺点是强度和刚度较低，装配较复杂。目前，汽车发动机多采用整体式曲轴，以下将主要介绍整体式曲轴。

1. 整体式曲轴的组成

整体式曲轴的结构如图 2-30 所示，它可分为主轴颈、曲柄销（又称连杆轴颈）、曲柄、前端轴和后端凸缘等部分，并通过主轴颈支承在主轴承上旋转。

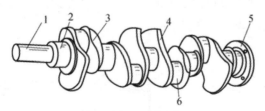

图 2-30 曲轴结构

1—前端轴；2—主轴颈；3—曲柄；4—平衡重；5—后端凸缘；6—曲柄销

1）主轴颈

主轴颈是曲轴的支承部分。按照曲轴的主轴颈数，可以把曲轴分为全支承曲轴和非全支承曲轴两种。在相邻的两个曲拐之间都设置一个主轴颈的曲轴，称为全支承曲轴；否则称为非全支承曲轴。因此，直列式发动机的全支承曲轴，其主轴颈总数（包括曲轴前端和后端的主轴颈）比气缸数多一个；V 形发动机的全支承曲轴，其主轴颈总数比气缸数的一半多一个。全支承曲轴的优点是可以提高曲轴的刚度和弯曲强度，减轻主轴承的载荷，缺点是曲轴的加工表面增多，主轴承数增多，使机体加长。这两种形式的曲轴均可用于汽油发动机；柴油发动机因载荷较大，多采用全支承曲轴。

2）曲柄销

曲柄销也称连杆轴颈，是曲轴和连杆相连的部分，连杆大头安装在曲柄销上。曲柄销的数量与气缸数相等。为了使曲轴易于平衡，曲柄销都对称布置，如四缸发动机曲轴的一、四缸曲柄销在同一侧，二、三缸曲柄销在另一侧，两侧相差 180°。

3）曲柄

曲柄是主轴颈与曲柄销的连接部分，也是曲轴受力最复杂、结构最薄弱的部分。曲柄形状多数呈矩形或椭圆形，它与主轴颈和曲柄销的连接处形状突然变化，存在着严重的应力集中现象，曲轴裂缝或断裂大多数出现在这个部位。为了减小应力，此处都采用过渡圆角连接，但过渡圆角半径过大会使轴承的承压面积减小。为了平衡曲轴旋转的惯性力，往往在曲柄上与曲柄销相反的方向装有平衡重（或制成整体）。

4）前端轴与后端凸缘

前端轴是第一道主轴颈之前的部分，通常有键槽和螺栓，用来安装正时齿轮、皮带轮、扭转减振器等。后端轴是最后一道主轴颈之后的部分，一般在其后端有凸缘盘，又称为后端凸缘。飞轮用螺栓紧固于曲轴后端面上。其中，有些汽油喷射发动机产生点火和喷油脉冲信号的信号发生器齿轮装在飞轮的前端或后端。

曲轴的前后端都伸出曲轴箱。为了防止润滑油沿轴颈流出油底壳，在曲轴前后都设有防漏装置。常用的防漏装置有挡油盘、填料油封、自紧油封、回油螺栓等。

2. 曲轴的轴向定位

汽车行驶时，离合器经常结合与分离，会对曲轴施加轴向力；汽车在上、下坡行驶或突然加速、减速时，曲轴会产生轴向窜动。为避免上述情况，曲轴必须有轴向定位，以保证曲柄连杆机构的正常工作。但也应允许曲轴受热后能自由膨胀，所以曲轴轴向上只能有一处定位装置。

曲轴的轴向定位是通过止推装置实现的，止推装置有翻边轴瓦、止推片、止推环和轴向止推滚珠轴承等多种形式，如图 2-30 所示。

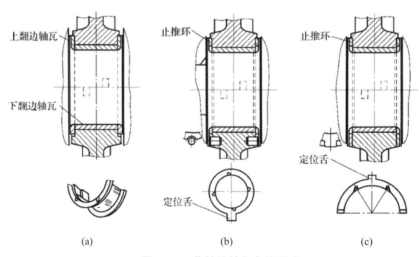

图 2-31 曲轴的轴向定位形式

(a) 翻边轴瓦；(b) 止推环；(c) 止推片

3. 主轴承和主轴承盖

主轴承（俗称大瓦）的基本构造与连杆轴承相同，主要不同点是：为了向连杆轴承输送润滑油，主轴承上都开有油槽和通油孔。有些负荷不太大的发动机为了通用化，上下两片轴瓦都开有油槽，有些只在上轴瓦上开油槽或通油孔。

主轴承盖与主轴承座用螺栓相连，为了保证孔形，它们必须合起来一起加工。所以每个主轴承座与主轴承盖是配对的，为了装配时不出错，它们都做有标记。现代发动机为了增大曲轴的支承刚度和缸体刚度，尤其是铝合金缸体，将各个主轴承盖制成一体，形成主轴承盖梁。曲轴的形状和各曲拐的相对位置（即曲拐的布置）取决于气缸数、气缸的排列方式（单列或V形等）和做功次序（即各气缸的做功行程交替次序）。在安排多缸发动机的做功次序时，应注意使连续做功的两气缸相距尽可能远，以减小主轴承的载荷；同时，应避免可能发生的进气重叠现象（即相邻两气缸的进气门同时开启），以免影响充气效率；做功间隔应力求均匀，即在发动机完成一个工作循环的曲轴转角内，每个气缸都应发火做功一次；而且各气缸做功的间隔时间（以曲轴转角表示，称为做功间隔角）应力求均匀。对气缸数为 i 的四冲程发动机而言，做功间隔角为 $720°/i$，即曲轴每转 $720°/i$ 时，就应有一个气缸做功，以保证发动机平稳运转。几种常见的多缸发动机曲拐布置和做功次序如下。

1）四冲程直列四缸发动机

四冲程直列四缸发动机的做功间隔角应为 $720°/4=180°$，四个曲拐布置在同一平面内，如图 2-32 所示。做功次序有两种可能，即 1—2—4—3 或 1—3—4—2。

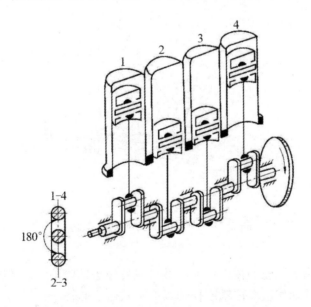

图 2-32 四冲程直列四缸发动机曲拐布置

2）四冲程直列六缸发动机

四冲程直列六缸发动机的做功间隔角为 $720°/6=120°$。这种发动机的曲轴曲拐均匀地布置在互成 120°夹角的三个平面内，如图 2-33 所示。做功次序为 1—5—3—6—2—4。这种发动机惯性力平衡，运转平稳，广泛用在各种汽车上。

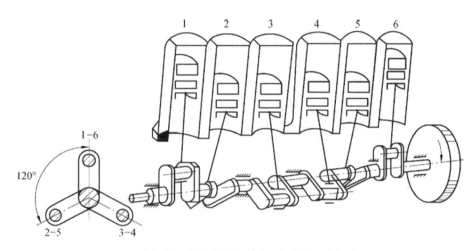

图 2-33 四冲程直列六缸发动机曲拐布置

3）V形八缸发动机

V形八缸发动机左右两缸共用一个曲拐，故曲拐布置与四缸发动机一样，可采用180°平面布置，也可采用90°夹角空间布置，如图2-34所示。点火次序为1—8—4—3—6—5—7—2。这种发动机结构紧凑，平衡性好，广泛应用于大型轿车。原国产红旗汽车的发动机采用的就是这种曲拐空间布置形式。

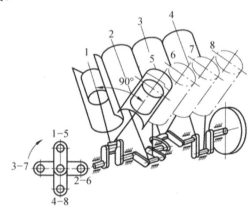

图 2-34 V形八缸发动机曲拐布置

4. 曲轴扭转减振器

发动机运转时，由于飞轮的惯性很大，故可以看作等速转动。而各缸气体压力和往复运动机件的惯性力周期性地作用在曲轴连杆轴颈上，从而给曲轴一个周期性变化的扭转外力，使曲轴发生忽快忽慢的转动。这样就形成了曲轴相对于飞轮的扭转摆动，使曲轴产生扭转振动。当振动频率与曲轴的自振频率成整数倍关系时，曲轴扭转振动便因共振而加剧，从而引起功率损失、正时齿轮或链条磨损增加，严重时甚至会将曲轴扭断。为了消减曲轴的扭转振动，有的发动机在曲轴前端装有扭转减振器。

常用的扭转减振器有橡胶式、摩擦式和黏液（硅油）式等数种。

橡胶式扭转减振器如图2-35所示，它将减振器圆盘用螺栓与曲轴带轮及轮毂紧固在一起，橡胶层与圆盘及惯性盘硫化在一起。当曲轴发生扭转振动时，力图保持等速转动的惯性

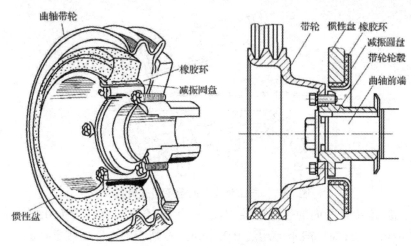

图 2-35　橡胶式扭转减振器

盘便使橡胶层发生内摩擦，从而消除了扭转振动的能量，避免扭转。

5. 飞轮

飞轮的作用是通过储存和释放能量来提高曲轴运转的均匀性，改善发动机克服短时超载的能力，同时又将发动机的动力传递给离合器。

飞轮是一个转动惯量很大的圆盘，多用灰铸铁制造。在它的外缘上，压有一个齿圈，可与起动机的驱动齿轮啮合，供起动发动机用。有些飞轮上刻有第一缸点火正时记号，以便校准点火时间，如图 2-36 所示。

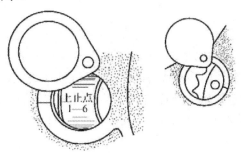

图 2-36　第一缸点火正时记号

技能训练 1　气缸体、气缸盖的检修

一、气缸体、气缸盖的检修

1. 气缸体、气缸盖平面变形的检修

1）气缸体、气缸盖平面变形的检测

气缸体与气缸盖发生平面变形的程度可通过测量其平面度误差获得。测量时，将等于或略大于被测平面全长的刀形样板尺或直尺，沿被测平面的纵向、横向和对角线方向贴靠在被测平面上，然后用厚薄规测量其与被测平面间的间隙，最大间隙即为被测平面的平面度误差，如图 2-37 所示。

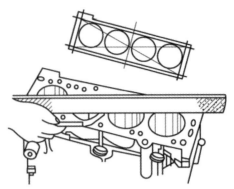

图 2-37 气缸体与气缸盖平面度检测

气缸体与气缸盖接合平面的平面度要求如下：铝合金气缸体一般为 0.25 mm，铸铁气缸体一般为 0.10 mm，气缸盖一般不能超过 0.05 mm，否则应进行修理或更换。

2）气缸体、气缸盖变形的修理

气缸体变形后，可根据其变形程度采取不同的修理方法。平面度误差在整个平面上不大于 0.05 mm 或仅有局部不平时，可用刮刀刮平；平面度误差较大时，可采用平面磨床进行磨削加工修复，但加工量不能过大，应当在 0.24～0.50 mm 之间，否则会影响发动机的压缩比。铝合金气缸盖的变形多用压力校正法修理，即将气缸盖放置在平台上，用压力机在其凸起部分逐渐加压，同时用喷灯对变形处加热至 300～400 ℃，待气缸盖平面与平台贴合后保持压力，直到冷却。铸铁气缸盖的变形一般采用磨削或铣削的方法进行修理，但切削量不能过大，一般不允许超过 0.5 mm，否则将影响发动机的压缩比。

2. 气缸体裂纹的检修

1）气缸体裂纹的检验

气缸体外部明显的裂纹可直接观察，而对于细微裂纹和内部裂纹，一般采用和气缸盖装合后进行水压试验的方法检验。如图 2-38 所示，将气缸盖和气缸衬垫装在气缸体上，将水压机出水管接头与气缸前端水泵入水口处连接好，并封闭所有水道口，然后将水压入水套。正常情况下，以 0.3～0.4 MPa 的压力保持约 5 min，应没有任何渗漏现象；若有水珠渗出，则表明该处有裂纹。

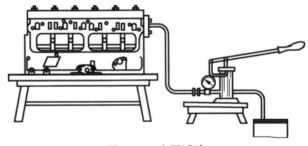

图 2-38 水压试验

2）气缸体裂纹的修理

在对气缸体裂纹进行修理时，凡涉及漏气、漏水、漏油等问题，一般应更换气缸体；对未影响到燃烧室、水道、油道的裂纹，则应根据裂纹的大小、部位、损伤程度等情况，选择粘接、焊接等方法进行修理。

二、气缸磨损变形的检修

活塞在气缸中做高速运动,长时间工作后会使气缸产生磨损。当磨损达到一定程度后,发动机的动力性、经济性将明显下降。

1. 气缸磨损的特征

气缸正常磨损的特征是不均匀磨损。气缸沿高度方向的磨损呈上大下小的倒锥形,最大磨损部位是当活塞处于上止点时,第一道活塞环对应的气缸壁位置,而该位置以上几乎无磨损,形成明显的"缸肩"。气缸沿圆周方向的磨损呈不规则的椭圆形,最大磨损部位一般是前后或左右方向。造成上述不均匀磨损的原因是:活塞在上止点附近时各道活塞环的背压最大,其中又以第一道环为最大,以下逐道减小,加之气缸上部温度高,润滑条件差,进气中的灰尘附着量多,废气中的酸性物质引起的腐蚀等,造成了气缸上部磨损较大;而圆周方向的最大磨损主要是侧向力、曲轴的轴向窜动等造成的。

2. 气缸磨损程度的衡量指标

气缸的磨损程度一般用圆度和圆柱度表示,也有的以标准尺寸和气缸磨损后的最大尺寸之差值来衡量,如桑塔纳、捷达等汽车。圆度误差是指在气缸同一横截面上从不同方向测得的最大直径与最小直径差值的 1/2,反映了气缸同一截面磨损的不均匀性。圆柱度误差是指从被测气缸表面任意方向所测得的最大直径与最小直径差值的 1/2,反映了沿气缸轴线的轴向截面磨损的不均匀性。

3. 气缸磨损的测量

在测量气缸的磨损时,测量部位的选择很重要。如图 2-39 所示,在气缸体上部距气缸上平面 10 mm 处,气缸中部和气缸下部距气缸套下口 10 mm 处的三个截面,按 A、B 两个方向分别测量气缸的直径。

测量时,通常使用量缸表,其方法如下。

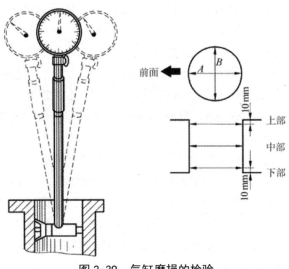

图 2-39 气缸磨损的检验

1) 气缸圆度误差的测量

(1) 根据气缸直径的尺寸选择合适的接杆，装入量缸表的下端，并使伸缩杆有 1~2 mm 的压缩量。

(2) 将量缸表的测量杆伸入到气缸中的相应部位，微微摆动表杆，使测量杆与气缸中心线垂直，量缸表指示的最小读数即为正确的气缸直径。用量缸表在上部 A 方向测量，旋转表盘使"0"刻度对准大表针，然后将测量杆在此截面上旋转 90°，此时表针所指刻度与"0"刻度之差的 1/2 即为该截面的圆度误差。

2) 气缸圆柱度误差的测量

用量缸表在上部 A 方向测量，并找出正确的直径位置，旋转表盘使"0"刻度对准大表针，然后依次测出其他 5 个数值，取 6 个数值中最大差值的 1/2 作为该气缸的圆柱度误差。

3) 气缸磨损尺寸的测量

一般发动机的最大磨损尺寸在前后两缸的上部。测量时，用量缸表在上部 A 方向测量，并找出气缸正确的直径位置，旋转表盘使"0"刻度对准大表针，并记住小表针所指位置。取出量缸表，将测量杆放置于外径千分尺的两测量头之间，旋转外径千分尺的活动测量头，使量缸表的大指针指向"0"且小指针指向原来的位置（在气缸中所指示的位置）。此时，外径千分尺的尺寸即为气缸的磨损尺寸。

4. 气缸磨损的修理

当发动机中磨损量最大的气缸的磨损程度超过规定标准时，应对气缸进行修理。如桑塔纳 2000GSI 汽车 AJR 发动机，规定其磨损程度最大处的气缸直径与标准直径的最大偏差为 0.08 mm。

气缸磨损的修理通常采用机械加工的方法，即修理尺寸法和镶套修复法。

1) 修理尺寸法

修理尺寸法是指在零件结构、强度和强化层允许的条件下，将配合副中主要零件的磨损部位经过机械加工，修理至规定尺寸，恢复其正确的几何形状和精度，然后更换相应的配合零件，以使机件尺寸改变而配合性质不变的修理方法。修复后的尺寸称为修理尺寸，孔件的修理尺寸比标准尺寸大，轴件的修理尺寸比标准尺寸小。

(1) 确定气缸的修理尺寸。气缸应按修理级别进行修理，修理级别一般分为 4~6 级，每 0.25 mm 为一级，最大不超过 1.00 mm 或 1.50 mm。现代汽车车型繁多，修理级别应符合各自的标准规定，如桑塔纳 2000GSI 汽车 AJR 发动机的气缸修理尺寸只有一级，在标准尺寸 (81.01 mm) 的基础上，加大 0.25 mm。气缸的修理尺寸＝气缸最大磨损直径＋镗磨余量，镗磨余量一般取 0.10~0.20 mm。

计算出的修理尺寸应与修理级别对照，若与修理级别不相符，应圆整到下一个更大的修理级别进行修理。同一台发动机的各气缸应采用同一修理级别。

(2) 确定镗削量。气缸修理尺寸确定后，选配同级别的活塞，依次测量每个活塞裙部的尺寸，然后结合必要的活塞与气缸壁的配合间隙和镗磨余量，根据各缸的实际尺寸，分别计算确定各缸的镗削量。镗削量＝活塞裙部最大直径－气缸最小直径＋配合间隙－磨缸余量，磨缸余量一般取 0.01~0.05 mm。

(3) 镗缸。气缸镗削加工的技术要求为：气缸壁表面粗糙度不大于 2.5 μm；干式气缸套圆度误差不大于 0.005 mm，圆柱度误差不大于 0.0075 mm；湿式气缸套圆柱度误差不大于 0.0125 mm；气缸轴线对两端主轴承座孔的垂直度不大于 0.05 mm。

（4）气缸的镗磨。镗削加工后，气缸表面存在螺旋形的细微刀痕，必须进行镗磨加工，使气缸具有合理的表面粗糙度和配合特性，以及良好的磨合性能。气缸镗磨的技术要求为：气缸壁表面粗糙度不大于 0.63 μm；气缸的圆度误差、圆柱度误差及配缸间隙符合规定。如桑塔纳 2000GSI 轿车 AJR 发动机，气缸镗磨后的圆度误差、圆柱度误差不大于 0.005 mm，各气缸直径之差不得超过 0.05 mm，气缸与活塞的配合间隙应为 0.025～0.030 mm，磨损极限值为 0.11 mm。

2）镶套修复法

镶套修复法是指经多次修理，气缸直径超过最大修理尺寸或气缸壁上有特殊损伤时，对气缸套承孔进行加工，用过盈配合的方式镶上新的气缸套，使气缸恢复到原来的尺寸的修理方法。

干式气缸套的镶配工艺如下。

（1）选择气缸套。第一次镶套应选用标准尺寸的气缸套；若气缸体上已镶有气缸套，在拆除旧气缸套后，应选用大一级修理尺寸的气缸套。

（2）检修气缸套承孔。根据气缸套的外径尺寸，将气缸套承孔镗至所需尺寸，按要求留有过盈量。

（3）镶配。将气缸套外壁涂上润滑油，并将气缸套放正，用压床以 20～50 kN 的压力缓慢压入。为防止气缸体变形，应采用隔缸压入法。压入后的气缸套应与气缸体上平面平齐，压入气缸套前后均应对气缸体进行水压试验。

湿式气缸套的镶配工艺如下。

（1）拆除旧气缸套，并清除气缸体承孔接合面上的沉积物。

（2）在气缸套上装水封圈的部位涂上密封胶，装好水封圈，并将气缸套压紧在气缸体承孔内，装好后应进行水压试验。

技能训练 2　活塞、连杆的检修

一、活塞的选配

活塞的损伤主要是磨损，包括活塞环槽的磨损、活塞裙部的磨损、活塞销座孔的磨损。其次，活塞刮伤、顶部烧蚀和脱顶等属于非正常的损伤形式。

当气缸的磨损超过规定值及活塞发生异常损坏时，必须对气缸进行修复，并且要根据气缸的修理尺寸选配活塞。选配活塞时要注意以下几点：①根据气缸的修理尺寸选用同一修理尺寸和同一分组尺寸的活塞；②同一台发动机必须选用同一厂商的活塞；③选配的一组活塞的尺寸差和质量差应符合要求。一组活塞的尺寸差一般为 0.02～0.025 mm，质量差一般为 4～8 g；④活塞销座孔的涂色标记应相同。

活塞的修理尺寸一般分为 +0.25 mm、+0.50 mm、+0.75 mm、+1.00 mm 等 4 级，有的也只有 1～2 个级别。每一个修理级别通常又分为 3～6 组，相邻两组的直径差为 0.01～0.015 mm。选配时，要注意活塞的分组标记和涂色标记。有的发动机为薄型气缸套，活塞不设置修理尺寸，只区分标准系列活塞和维修系列活塞，每一系列活塞中也有若干组供选配。活塞的修理级别代号常印在活塞的顶部。

镗缸时，要根据选配活塞的裙部直径确定镗削量。活塞裙部直径的测量方法如图 2-40 所示，在活塞下部离裙部底边约 15 mm 且与活塞销座轴线垂直方向处，用千分尺测量裙部直径。

活塞与气缸壁之间的间隙称为配缸间隙，此间隙应符合标准要求。检测时，可用量缸表测量气缸直径，用外径千分尺测量活塞直径，两者之差即为配缸间隙。也可用如图 2-41 所示的方法，将活塞（不装活塞环）放入气缸中，用塞尺测量其间隙。

图 2-40 活塞裙部直径的检测　　图 2-41 配缸间隙的检测方法

二、活塞环的选配

在发动机大修和小修时，活塞环是被当作易损件更换的。除有标准尺寸的活塞环以外，还有与气缸、活塞各修理级别相对应的加大尺寸的活塞环。修理时，应按照气缸的标准尺寸或修理尺寸选用同级别的活塞环。

在大修时，优先使用活塞、活塞销及活塞环成套供应配件。为了保证活塞环与活塞环槽及气缸的良好配合，在选配活塞环时，还应对活塞环的弹力、漏光度、端隙、侧隙、背隙等进行检测。当其中任何一项不符合要求时，均应重新选配活塞环。

1. 活塞环端隙的检测

将活塞环平正地放入气缸内，用活塞顶部把它推平，然后用塞尺测量其开口处的间隙，如图 2-42 所示。

2. 活塞环侧隙的检测

将活塞环放入环槽内，围绕环槽滚动一周，活塞环应能自由滚动，既不松动，又无阻滞现象。用厚薄规按如图 2-43 所示的方法测量，其值应符合要求。

图 2-42 活塞环端隙的检测　　图 2-43 活塞环侧隙的检测

如侧隙过小,可将活塞环放在有平板的砂布上研磨,不允许加工活塞;如侧隙过大,则应另选活塞环。

3. 活塞环背隙的检测

在实际测量中,活塞环背隙通常以活塞环槽深度和活塞环厚度之差来表示。检验活塞环背隙的经验方法是将活塞环置入环槽内,如活塞环低于环槽,能转动自如,且无松旷感觉,则背隙合适。

4. 活塞环弹力的检测

活塞环的弹力是指活塞环端隙达到规定值时,活塞环受到的径向力。活塞环的弹力是保证气缸密封性的必要条件。若弹力过小,则气缸密封性变差,燃料消耗增加,燃烧室积炭严重,发动机的动力性、经济性降低;若弹力过大,则活塞环的磨损加剧。

活塞环的弹力可用活塞环弹力检测仪进行检测,其值应符合规定的要求。

5. 活塞环漏光度的检测

活塞环漏光度用于反映活塞环的外圆与气缸壁贴合的良好程度,检查方法如图 2-44 所示。将活塞环平正地放入气缸内,用活塞顶部把它推平,在气缸下部放置一发亮的灯泡,在活塞环上放一直径略小于气缸内径但能盖住活塞环内圆的盖板,然后从气缸上部观察漏光处及其对应的圆心角。

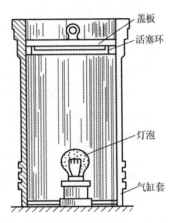

图 2-44 活塞环漏光度的检测

一般要求活塞环局部漏光每处圆心角不大于 25°,最大漏光缝隙不大于 0.03 mm,每环漏光不超过 2 处,每环总漏光圆心角不大于 45°,在活塞环开口处 30°范围内不允许有漏光现象。

三、活塞销的选配

发动机大修时,一般应更换活塞销。选配活塞销的原则是同一台发动机应选用同一厂商、同一修理级别的成组活塞销,活塞销表面应无任何锈蚀或斑点,表面粗糙度应不大于 0.02 μm,圆柱度误差应不大于 0.025 mm,质量差在 10 g 以内。为了适应修理的需要,活塞销设有四级修理尺寸,可以根据活塞销座和连杆衬套的磨损程度来选择相应修理级别的活塞销。

四、连杆的检修

连杆的损伤有连杆杆身的弯曲、扭转等变形,连杆小头和连杆大头侧面的磨损等,其中以变形最为常见。连杆的修理主要是连杆变形的检验与校正、连杆小头衬套的压装与铰削和连杆大头与连杆盖结合平面损伤的修理等。

1. 连杆变形的检测

连杆变形的检测在连杆校验仪上进行,连杆校验仪如图 2-45 所示。连杆校验仪能检测连杆的弯曲、扭曲、双重弯曲的变形程度及方位,并校正连杆的弯曲与扭曲变形。校验仪上的支撑轴能保证连杆大头承孔轴线与检验平板相垂直。

检验时,首先将连杆大头的轴承盖装好,不装连杆轴承,并按规定的扭力将连杆螺栓拧紧,同时将心轴装入连杆小头衬套的承孔中。然后,将连杆大头套装在支承轴上,通过调整定位螺钉使支承轴扩张,将连杆固定在校验仪上。

测量工具是一个带有V形槽的三点规。三点规上的三点构成的平面与V形槽的对称平面垂直,下面两测点的距离为100 mm,上测点与两个下测点连线的距离分别也是100 mm。

测量时,将三点规的V形槽靠在心轴上,并将其推向检验平板。若三点规的三个测点都与校验仪的平板接触,则说明连杆未变形。若上测点与平板接触,两个下测点与平板不接触且与平板的间隙一致,或两个下测点与平板接触,而上测点与平板不接触,则说明连杆有弯曲变形。此时,可用厚薄规测出测点与平板之间的间隙,即为连杆在100 mm长度上的弯曲度。若只有一个下测点与平板接触,另一下测点与平板不接触,且其与平板的间隙是上测点与平板间隙的两倍,则说明连杆有扭曲变形。这时,下测点与平板的间隙即为连杆在100 mm长度上的扭曲度。

有时,在检测连杆变形时会遇到两种情况。一是连杆同时存在弯曲和扭曲变形。此时,一个下测点与平板接触,另一个下测点与平板不接触,且该测点与平板的间隙不等于上测点与平板间隙的两倍。这种情况下,下测点与平板的间隙为连杆的扭曲度,而上测点与平板间隙的一半和下测点与平板间隙的一半的差值为连杆弯曲度。二是连杆存在如图2-46所示的双重弯曲变形。检测时,先测量出连杆小头端面与平板的距离,再将连杆翻转180°后,按同样方法测出此距离。若两次测出的距离数值不等,则说明连杆有双重弯曲变形。两次测量数值之差即为连杆双重弯曲度。

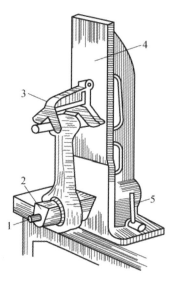

图2-45 连杆校验仪

1—调整螺钉;2—棱形支撑轴;3—量规;
4—检验平板;5—锁紧支撑轴扳杆

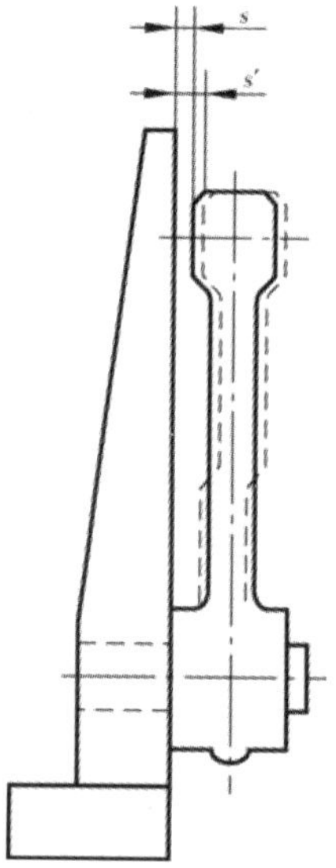

图2-46 连杆双重弯曲度检测

如果没有连杆校验仪,可用通用量具进行检测。在连杆大头和连杆小头内装入标准心轴,置于平板上的 V 形架上，用百分表测量。如图 2-47 所示，通过测量活塞销两端的高度差，即可计算出连杆弯曲度。将连杆按如图 2-48 所示的方式放置，通过测量活塞销两端的高度差，即可计算出连杆的扭曲度。

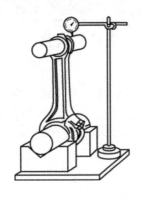

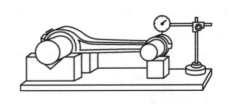

图 2-47　连杆弯曲度检测　　　　　图 2-48　连杆扭曲度检测

汽车维修技术相关标准中对连杆的变形做了如下规定：连杆小头轴线与连杆大头轴线应在同一平面，在该平面上平行度公差为 100:0.03 mm，在该平面的法向平面上平行度公差为 100:0.06 mm。若连杆的弯曲度和扭曲度超过公差值，应进行校正。若连杆发生双重弯曲，由于连杆大、小头对称平面偏移的双重弯曲难以校正，对曲柄连杆机构的工作极为有害，故应更换连杆。

2. 连杆变形的校正

经检测确定连杆有变形时，应记下连杆弯曲与扭曲的变形方向和数值，然后利用连杆校验仪进行校正。一般先校正扭曲变形，后校正弯曲变形，校正时，应避免反复的过校正。

校正扭曲变形时，先将连杆盖按规定装配并拧紧，然后用台钳口垫以软金属垫片夹紧连杆大头侧面，将专用扳钳卡在连杆杆身靠近上方和靠近下方的两个部位，按如图 2-49 所示的方法校正连杆的逆时针扭曲变形。校正连杆的顺时针扭曲变形时，将上下扳钳交换即可。

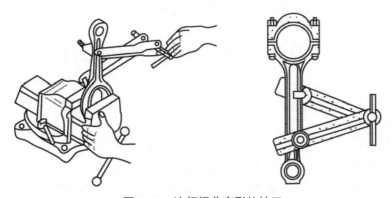

图 2-49　连杆扭曲变形的校正

校正弯曲变形时，如图 2-50 所示，将弯曲的连杆放入专用的压器中。连杆弯曲的凸起部位朝上，在正对丝杠的部位加入垫块，扳动丝杠使连杆产生反向变形，并停留一定时间，待金属组织稳定后再卸下。再次校正连杆，直到合格为止。

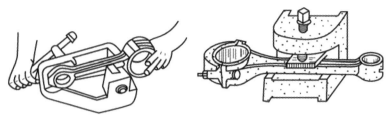

图 2-50 连杆弯曲变形的校正

对连杆弯曲、扭曲变形的校正经常在常温下进行,由于材料弹性后效的作用,在卸去载荷后连杆有恢复原状的趋势。因此在校正变形量较大的连杆后,必须进行时效处理,即将连杆加热至 573 K,并保温一定的时间。校正变形量较小的连杆时,只需在校正载荷下保持一定的时间,不必进行时效处理。

3. 连杆衬套的修理

活塞销全浮式安装时,连杆小头内压装有连杆衬套。发动机大修时,在更换活塞、活塞销的同时,必须更换连杆衬套。连杆衬套与连杆小头之间的配合应有一定的过盈量(如桑塔纳发动机的为 0.06~0.10 mm),以保证连杆衬套在工作时不向外突出。过盈量不可过大,否则会在压装时将衬套压裂。分别测量连杆小头的内径和新连杆衬套的外径(见图 2-51),其差值便是连杆衬套的加工余量。

压入连杆衬套后,便可铰削或镗削,使其与活塞销的配合符合规定。

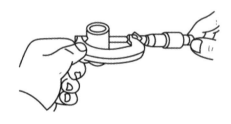

图 2-51 测量新连杆衬套的外径

技能训练 3　曲轴、飞轮的检修

一、曲轴磨损的检修

1. 轴颈磨损的检验

曲轴轴颈磨损情况的检验方法主要是用外径千分尺测量轴颈的直径、圆度误差和圆柱度误差。一般,根据圆柱度误差确定轴颈是否需要修磨,同时也可确定修理尺寸。

2. 轴颈的修磨

发动机大修时,对轴颈磨损已超过规定的曲轴,可用修理尺寸法对其主轴颈、连杆轴颈进行修磨。同名轴颈必须为同级修理尺寸,以便选择统一的轴承。其修理尺寸可查阅相关车型的维修手册。

二、曲轴弯曲变形的检修

1. 曲轴弯曲变形的检测

检测曲轴弯曲变形时，应以两端主轴颈的公共轴线为基准，检测中间主轴颈的径向圆跳动误差。如图 2-52 所示，将曲轴两端主轴颈分别放置在检验平板的 V 形块上，将百分表触头垂直地抵在中间主轴颈上，慢慢转动曲轴一圈，百分表指针所指示的最大读数与最小读数之差，即为中间主轴颈的径向圆跳动误差。

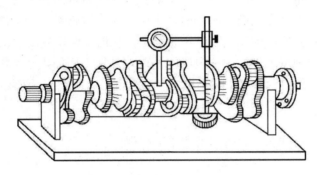

图 2-52 曲轴弯曲变形的检测

2. 曲轴弯曲变形的校正

曲轴的径向圆跳动误差不得大于 0.15 mm，否则应进行校正。

曲轴弯曲变形的校正，一般采用冷压校正法或敲击校正法。当变形量不大时，可采用敲击校正法，即用锤子敲击曲柄边缘的非工作表面，使被敲击表面产生塑性残余变形，达到校正弯曲变形的目的。当变形量较大时，可采用冷压校正法，即用 V 形块架住两端主轴颈，用油压机沿曲轴弯曲的相反方向加压，如图 2-53 所示。由于钢质曲轴的弹性作用，压弯量应为曲轴弯曲量的 10～15 倍，并保持 2～4 min。为减小弹性后效作用，最好进行时效处理。

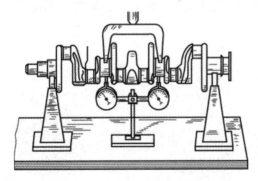

图 2-53 曲轴弯曲变形的校正

三、曲轴扭曲变形的检修

1. 曲轴扭曲变形的检测

检测曲轴扭曲变形时，将曲轴两端主轴颈分别放置在检验平板的 V 形块上，保持曲轴水平，使两端同一曲柄平面内的两个连杆轴颈位于水平位置，用百分表测量两轴颈最高点与平

板的高度差 ΔA，据此求得曲轴主轴线的扭曲角 θ。

2. 曲轴扭曲变形的校正

曲轴扭曲变形量一般很小，可直接在曲轴磨床上，在对连杆轴颈磨削的同时予以修正。

四、曲轴裂纹的检修

裂纹的检验方法有磁力探伤法和浸油敲击法。

磁力探伤法的原理是当磁力线通过被检验的零件时，零件会被磁化。如果零件表面有裂纹，在裂纹部位的磁力线就会因裂纹不导磁而中断，磁力线偏散而形成磁极。此时，在零件表面撒上磁性铁粉，铁粉便被磁化，吸附在裂纹处，从而显现出裂纹的部位和大小。

浸油敲击法是将曲轴浸入煤油中一段时间，取出后擦净表面煤油并撒上白粉，然后分段用小锤轻轻敲击来发现裂纹的方法。如有明显的油迹出现，则该处有裂纹。

曲轴出现裂纹后，一般应更换。

五、曲轴轴向间隙和径向间隙的检测

1. 曲轴轴向间隙的检测

为了满足发动机机件正常工作的需要，曲轴必须留有合适的轴向间隙。轴向间隙过小，会使机件因受热膨胀而卡死；轴向间隙过大，曲轴工作时将产生轴向振动，加速气缸的磨损，也会使活塞连杆组不正常磨损，还会影响配气相位和离合器的正常工作。因此，曲轴装到气缸体上之后，应检测其轴向间隙。

曲轴轴向间隙的检测工具可采用百分表或塞尺。检测时，将曲轴装入气缸体轴承座，将百分表触头顶在曲轴平衡重上，用撬棒前后撬动曲轴，观察百分表表针的摆动数值，如图 2-54 所示，表针的最大摆差即为曲轴轴向间隙。或者用撬棒将曲轴撬向一端，再用塞尺检测止推轴承和曲轴止推面之间的间隙，如图 2-55 所示，此间隙即为曲轴轴向间隙。

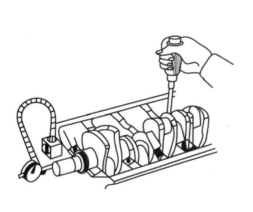
图 2-54 用百分表检测曲轴轴向间隙

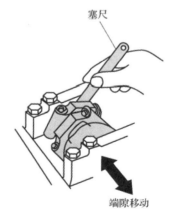
图 2-55 用塞尺检测曲轴轴向间隙

2. 曲轴径向间隙的检测

曲轴的径向也必须留有适当间隙，因为轴承的润滑和冷却效果取决于曲轴径向间隙。曲轴径向间隙过小会使阻力增大,加重磨损,划伤轴瓦;若曲轴径向间隙太大,曲轴会上下敲击,并使润滑油压力降低,曲轴表面过热并与轴瓦烧熔到一起。曲轴径向间隙可用塑料间隙塞尺检测,如图 2-56 所示。

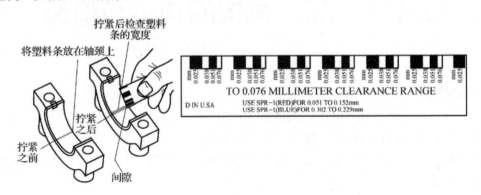

图 2-56 曲轴径向间隙的检测

检测时,首先清洁曲轴主轴颈、连杆轴颈、轴瓦和轴承盖,将塑料间隙塞尺放置在曲轴轴颈上(不要将油孔盖住),盖上轴承盖并按规定拧紧螺栓,注意不要转动曲轴,然后取下轴承盖和塑料间隙塞尺,用被压扁的塑料间隙塞尺和间隙条宽度相对照,对应的间隙值即为曲轴的径向间隙。

六、飞轮的检修

飞轮的常见损伤形式主要是齿圈磨损、打坏、松动,端面打毛,飞轮与离合器摩擦片接触的工作面磨损、起槽、刮痕等。

飞轮齿圈有断齿、齿端冲击耗损,或齿圈与起动机齿轮啮合状况发生变化时,应更换齿圈或飞轮组件。更换时,应先将齿圈加热至 633~673 K,再进行热压配合。齿圈与飞轮配合过盈量为 0.30~0.60 mm。

飞轮工作平面有严重烧灼,磨损沟槽深度超过 0.05 mm,或飞轮端面圆跳动误差超过 0.05 mm 时,应对飞轮进行修磨。

曲轴、飞轮、离合器总成组装后进行动平衡试验,组件动平衡量应不大于原厂规定。每次更换飞轮或齿圈、离合器压盘或总成之后,都应重新进行组件的动平衡试验。

思考与练习

(1)曲柄连杆机构由哪些零件组成?其功用是什么?
(2)试述气缸体的三种形式及各种形式的特点。
(3)汽油发动机的燃烧室有哪几种形式?各有何特点?
(4)试述铝合金活塞预先做成椭圆形、锥形的原因。
(5)试述矩形环的泵油作用及其危害。

项目三　配气机构的构造与检修

【学习目标】

知识目标：熟练掌握配气机构的布置形式、结构特点、基本组成和工作原理，尤其是配气机构的气门组和气门传动组；了解气缸数自动变化机构和可变配气系统。

技能目标：掌握配气机构中气门拆装的基本方法；了解常用工具的种类和要求；掌握专用工具的使用方法。

【案例导入】

一辆皮卡汽车进厂修理，客户反映，该车发动机在运转中有异响，使用解码仪没有找到故障。现从发动机机械系统寻找故障原因。

【学习引导】

经维修人员检查，异响部位在发动机的气缸盖，可能是气门脚异响，需要对气缸盖及配气机构进行检修。本项目主要介绍配气机构的结构与检修。

配气机构的作用是按照发动机各气缸做功顺序及工作过程的要求，定时开启和关闭进、排气门，向气缸提供新鲜的可燃混合气（汽油发动机）或空气（柴油发动机），并及时排出废气。当进、排气门均关闭时，配气机构要保证气缸良好的密封性。

任务一　配气机构的分类

被吸进气缸中的新鲜空气或可燃混合气越多，发动机的有效功率和转矩越大。新鲜空气或可燃混合气充入气缸的程度可用充气效率表示。

充气效率是指在进气过程中，实际进入气缸内的新鲜空气或可燃混合气的质量与理论上能够充满气缸工作容积的新鲜空气或可燃混合气的质量之比。充气效率越高，表明进入气缸内的新鲜空气或可燃混合气越多，气体燃烧时放出的热量就越多，发动机的功率越大，动力性越好。因此，要提高发动机的动力性，配气机构应使进气尽量充分、排气尽量干净，达到"进饱排净"的效果。

影响充气效率的因素主要有进气的压力、温度，发动机的压缩比和配气相位等。要提高充气效率，可采取相应措施尽量减小进气管道对气流的阻力，减少气流在进气门处的流动损失，以及合理选择配气相位等。

发动机配气机构要具备如下特点：①按照确定的规律定时开、关气门；②进气充分、排气干净，换气效果好；③气门开启迅速，落座平稳，无反跳或抖动；④工作可靠，振动噪声小；⑤结构简单，维修方便。

3.1 配气机构的分类

配气机构的形式多种多样，其主要区别是气门的布置形式和数量，凸轮轴的布置形式和曲轴与凸轮轴的传动方式不同。

1. 根据气门的布置形式分类

根据气门的布置形式，配气机构可分为气门顶置式配气机构和气门侧置式配气机构，如图 3-1 所示。

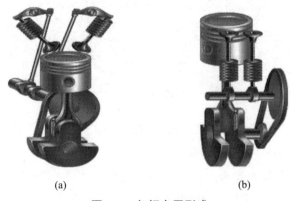

图 3-1 气门布置形式

(a) 气门顶置式；(b) 气门侧置式

气门顶置式配气机构的气门布置在气缸盖上，如图 3-1（a）所示。气门顶置式配气机构的特点是燃烧室结构紧凑，进气阻力小，可达到较高的压缩比。目前，这种形式在现代发动机上应用广泛。

气门侧置式配气机构的气门布置于气缸体侧面，如图 3-1（b）所示。这种配气机构的结构比较简单，可降低发动机高度，但其进、排气门在气缸的一侧，使压缩比受到限制，进、排气阻力大，发动机的动力性和高速性较差。目前，这种形式已逐渐被淘汰。

一般汽车采用每缸两个气门，即一个进气门和一个排气门的结构。为改善换气，增加换气面积，提高充气效率，应尽可能加大气门直径，特别是进气门的直径。因此两气门式配气机构的进、排气门尺寸通常较大，且进气门面积大于排气门。

由于受到气缸尺寸的限制，两气门式配气机构中，气门直径最大一般不超过气缸直径的一半。当发动机转速较大时，每缸一进一排的两气门结构就不能保证良好的换气。因此，现代发动机的配气机构多采用每缸四气门或五气门，即二至三个进气门与两个排气门的结构。

采用多气门式结构，进气总面积较大，可有效提高充气效率，改善发动机的动力性，同时气门尺寸相对较小，不易变形。四气门式配气机构的气门布置形式有两种，如图 3-2 所示。一种是将同名气门（同为进气门或同为排气门）排成两列，由一根凸轮轴通过 T 形杆同时驱动。这种形式的缺点在于当同一气缸的两个同名气门在气道中的位置不同时，二者的工作效果会有差异。另一种是将同名气门排成一列，由两根凸轮轴分别驱动。这种形式的气门工作条件较好，但由于需要两根凸轮轴，其结构比较复杂。

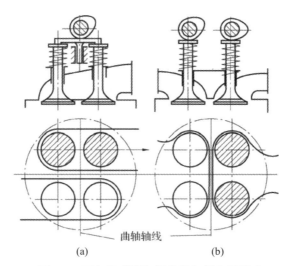

图 3-2 四气门式配气机构的气门布置形式

(a) 同名气门排成两列；(b) 同名气门排成一列

2. 根据凸轮轴的布置形式分类

根据凸轮轴的布置形式，配气机构可分为下置式凸轮轴配气机构、中置式凸轮轴配气机构和上置式凸轮轴配气机构，如图 3-3 所示。

（1）下置式凸轮轴配气机构。

如图 3-3（a）所示，配气机构的凸轮轴位于气缸体中部，这样布置使凸轮轴与曲轴距离较近，方便传动。但凸轮轴与气门相距较远，传动零件多，使得结构复杂，噪声较大。

（2）中置式凸轮轴配气机构。

如图 3-3（b）所示，配气机构的凸轮轴位于气缸体的上部，气门传动零件相对较少。与下置式凸轮轴配气机构的组成相比，中置式减少了推杆，从而减小了配气机构往复运动部分的质量，增大了配气机构的刚度，更适用于转速较高的发动机。

有些中置式凸轮轴配气机构的组成与下置式凸轮轴配气机构的组成没有什么区别，只是推杆较短而已。

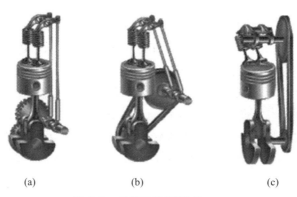

图 3-3 凸轮轴布置形式

(a) 凸轮轴下置式；(b) 凸轮轴中置式；(c) 凸轮轴上置式

（3）上置式凸轮轴配气机构。

如图3-3（c）所示，配气机构的凸轮轴直接布置在气缸盖上，直接通过摇臂或凸轮来推动气门的开启和关闭。这种配气机构没有推杆等运动件，往复运动部分的质量大大减小，非常适合现代高速发动机，尤其是轿车发动机。

根据顶置气门凸轮轴的个数，上置式凸轮轴又分为单顶置凸轮轴（SOHC）和双顶置凸轮轴（DOHC）两种。

单顶置凸轮轴如图3-4（a）所示，仅用一根凸轮轴同时驱动进、排气门，结构简单，布置紧凑。

双顶置凸轮轴如图3-4（b）所示，由两根凸轮轴分别驱动进、排气门。凸轮轴有两种布置形式：一种是凸轮通过摇臂驱动气门，另一种是凸轮直接驱动气门。这种双凸轮轴布置有利于增加气门数目，提高进、排气效率，提高发动机转速，是现代高速发动机配气机构的主要形式。

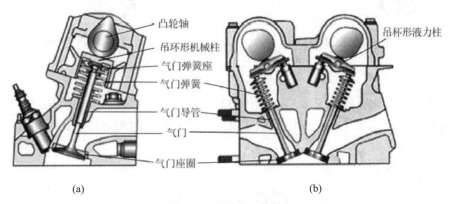

图 3-4 上置式凸轮轴

(a) 单顶置凸轮轴；(b) 双顶置凸轮轴

3. 根据曲轴与凸轮轴的传动方式分类

根据曲轴与凸轮轴的传动方式，配气机构可分为齿轮传动式配气机构、链传动式配气机构和齿带传动式配气机构。

（1）齿轮传动式配气机构。

如图3-5所示，这种配气机构的曲轴与凸轮轴之间采用圆柱齿轮传动，一般从曲轴到凸轮轴只需一对齿轮传动。如果齿轮直径过大，可增加一只中间齿轮，称为惰轮。

齿轮传动简单可靠，为了啮合平稳，减小噪声，多采用不同材料，制成斜齿圆柱齿轮。齿轮上有正时记号，在装配时，必须将正时记号按要求对准，以保证配气机构正常工作，下置式凸轮轴配气机构、中置式凸轮轴配气机构多采用齿轮传动。

（2）链传动式配气机构。

如图3-6所示，这种配气机构的曲轴与凸轮轴之间采用链条与链轮传动。链传动的工作可靠性与耐久性不如齿轮传动，适用于上置式凸轮轴配气机构。

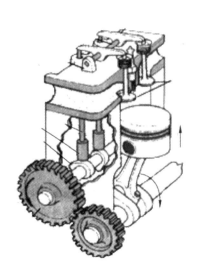

图 3-5 齿轮传动式配气机构

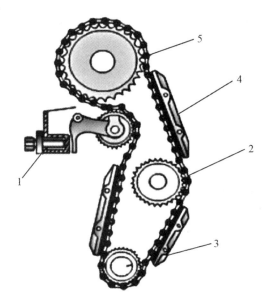

图 3-6 链传动式配气机构

1—液压张紧器；2—油泵驱动链轮；3—曲轴链轮；
4—导链板；5—凸轮轴链轮

为防止链条在工作时抖动或振动，链传动式配气机构一般装有导链板和张紧器等装置。张紧器有机械式和液压式两种，其中，液压式利用液压腔内的润滑油压力，推动内部活塞向外移动，使张紧链轮压紧链条。

（3）齿带传动式配气机构。

如图 3-7 所示，这种配气机构的曲轴与凸轮轴之间采用带轮与齿形皮带传动。这种配气机构噪声小，工作平稳可靠，拆装方便，且成本较低。由于齿带的张紧力小，张紧轮所受载荷小，使用中不易损坏，因此齿带传动式配气机构在现代高速发动机上广泛应用。

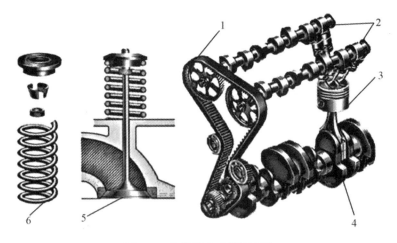

图 3-7 齿带传动式配气机构

1—正时齿形带；2—凸轮轴；3—活塞；4—曲轴；5—气门；6—气门弹簧

任务二　配气机构主要零部件的结构与检修

配气机构主要由气门组和气门传动组组成,如图 3-8 所示。

图 3-8　配气机构的组成

3.2　气门组

气门组包括气门、上/下气门弹簧座、气门油封、内/外气门弹簧、气门锁片等零件,如图 3-9 所示。

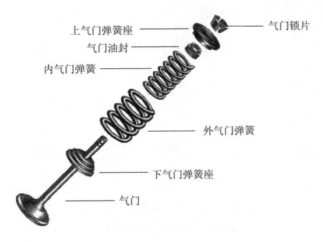

图 3-9　气门组的组成

1. 气门

气门的作用是封闭进、排气通道。气门的工作条件非常恶劣。气门头部的工作温度很高(进气门可达 600~700 K,排气门可达 900~1 100 K),还要承受气体压力、气门弹簧力及气门传动组零件惯性力的作用。气门的冷却和润滑条件很差。此外,气门还受高温气体中具有腐蚀性的气体的腐蚀。因此,气门必须具有足够的强度、刚度,有耐热、耐腐蚀和耐磨能力。进气门一般用中碳合金钢制造,如铬钢、铬钼钢和镍铬钢等。排气门则采用耐热合金钢制造,如硅铬钢、硅铬钼钢、硅铬锰钢等。

气门由气门头部和气门杆部两部分组成,如图 3-10 所示。

气门顶面有平顶、凹顶和凸顶等形状,如图 3-11 所示。

平顶气门受热面积小,结构简单,制造方便,进、排气门均可采用。凹顶气门进气阻力小,质量小,但受热面积大,仅适用于进气门。凸顶气门强度高,其流线外形对气体的导流作用可以减小排气阻力,清除废气的效果较好,但球面顶受热面积大,质量大,加工较为复杂,适用于排气门。

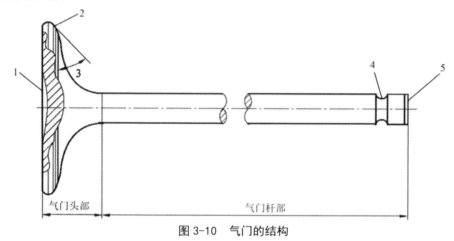

图 3-10 气门的结构

1—气门顶面;2—气门锥面;3—气门锥角;4—气门锁夹槽;5—气门尾端面

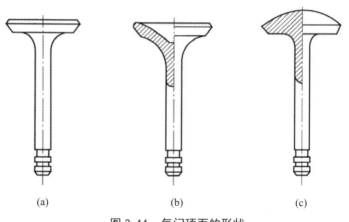

图 3-11 气门顶面的形状

(a) 平顶;(b) 凹顶;(c) 凸顶

圆柱形的气门杆部与头部连成一体,装在气门导管内,对气门的运动起导向作用。杆部与头部采用圆弧过渡连接,以提高强度。气门头部的部分热量通过气门杆部,经气门导管传给气缸盖。因此,气门杆部表面需经热处理和磨光,以保证其与气门导管的配合。

气门尾部主要用来安装气门弹簧座的锁紧件,其结构取决于气门弹簧座的固定方式。用锁片固定的通常制有凹槽(锥形槽或环形槽),有些发动机用锁销固定的方式,则气门尾部制有径向孔。

气门头部与气门座接触的圆锥面环带称为气门密封锥面,如图 3-12 所示。

气门密封锥面主要用来保证气门关闭时的密封性和导热性,还可以使气门在回落过程中自动定位，并在气门落座时挤掉接触面上的沉积物，具有自洁功能。

气门密封锥面与气门顶平面之间的夹角称为气门锥角 α，排气门锥角通常为 45°，进气门锥角为 45°或 30°。

气门头部边缘应保持一定的厚度 a，一般为 1～3 mm，以增大气门刚度，防止气门在工作中受冲击损坏或被高温烧蚀。

气门密封锥面环带的宽度 b，应符合规定的标准值，通常为 1～3 mm。

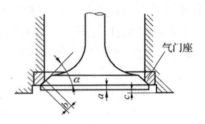

图 3-12 气门密封锥面

α—气门锥角；a—气门头部边缘厚度；
b—密封锥面环带宽度；
c—气门顶面与气缸盖平面的距离

气门头部接受的热量一部分经气门座传给气缸盖，另一部分则通过气门杆部和气门导管也传给气缸盖，最终都被气缸盖水套中的冷却液带走。为了增强传热，气门与气门座的密封锥面必须严密贴合。为此，二者要配对研磨，研磨之后不能互换。

2. 气门座与气门座圈

气缸盖上与气门密封锥面相贴合的部位称气门座。气门座可以直接在气缸盖上加工出来。但气门座的工作温度很高，又承受频率极高的冲击载荷，容易磨损，因此，铝气缸盖和大多数铸铁气缸盖的气门座均采用由合金铸铁、粉末冶金或奥氏体钢制成的气门座圈，如图 3-13 所示，可以延长气缸盖的使用寿命。

3. 气门导管

气门导管是管状零件，如图 3-14 所示。气门导管的功用是对气门的运动进行导向，保证气门做直线往复运动，使气门与气门座或气门座圈能正确贴合，此外，还将气门杆部接受的部分热量传给气缸盖。气门导管的工作温度较高，而且润滑条件较差，靠配气机构工作时飞溅起来的润滑油来润滑气门杆部和气门导管孔。气门导管由灰铸铁、球墨铸铁或铁基粉末冶金制成。

安装时，先以一定的过盈量将气门导管压入气缸盖上的气门导管座孔，再精铰气门导管孔，以保证气门导管与气门杆部的正确配合间隙。气门导管伸入气道的深度应适当。伸入气道过深，会增加进、排气阻力；伸入气道过浅，则会影响气门头部的散热，容易烧蚀气门密封锥面环带。有的导管加大了其压入深度，而将伸入端做成锥形，以减小气流阻力。

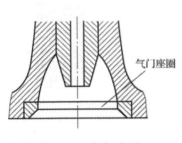

图 3-13 气门座圈

  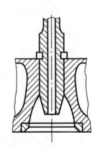

图 3-14 气门导管

4. 气门油封

在正常情况下，少量润滑油从气门杆部进入气门导管，在气门杆部和气门导管之间形成油膜，保证正常润滑。现代发动机转速很高，工作过程中，进气管产生的负压会使过量的润滑油通过气门杆部与气门导管之间的间隙渗漏到燃烧室中，在气门与燃烧室内产生积炭，并增加润滑油消耗。因此，气门杆部尾端设有油封，以防止润滑油泄漏，如图 3-15 所示。气门油封在高温下与气体、润滑油等接触，故通常用耐热、耐腐蚀、密封性能好的氟橡胶制成。

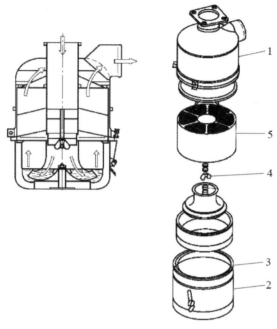

图 3-15　气门油封

1—锁片；2—弹簧座；3—气门杆；4—防油罩或密封圈；5—气门导管

5. 气门弹簧

气门弹簧的功用是保证气门在关闭时能与气门座或气门座圈紧密地贴合，并在气门开启时克服配气机构产生的惯性力，使传动件始终受凸轮控制而不相互脱离。

气门弹簧一般为等螺距圆柱形螺旋弹簧，如图 3-16 所示。

当气门弹簧的工作频率与其固有的振动频率相等或为整数倍关系时，气门弹簧就会发生共振。共振将使配气定时遭到破坏，使气门发生反跳和冲击，甚至使弹簧折断。为防止共振的发生，气门弹簧可采取下列结构形式。

（1）采用双气门弹簧。

在柴油发动机和高性能汽油发动机广泛采用每个气门安装两个直径不同、旋向相反的内、外弹簧的方法。由于两个弹簧的固有频率不同，当一个弹簧发生共振时，另一个弹簧能起到阻尼减振作用。采用双气门弹簧可以减小气门弹簧的高度；而且当一个弹簧折断时，另一个弹簧仍可维持气门工作。弹簧旋向相反，可以防止折断的弹簧圈卡入另一个弹簧圈内而使其不能工作或损坏。

（2）采用变螺距气门弹簧。

图 3-16　气门弹簧及气门锁片

1—气门弹簧座；
2—气门锁片；3—气门弹簧

某些高性能汽油发动机采用变螺距单气门弹簧。变螺距弹簧的固有频率不是定值，从而可以避免共振。

（3）采用锥形气门弹簧。

锥形气门弹簧的刚度和固有频率是沿弹簧轴线方向变化的。因此，它可以消除发生共振的可能性。气门弹簧在工作中不断受到载荷的冲击，为提高抗疲劳强度，避免生锈，弹簧钢丝表面通常要进行喷砂、喷丸、发蓝等处理。

6. 气门弹簧座和气门锁片

气门弹簧座和气门锁片的作用是将气门弹簧固定在气门杆部上。弹簧座安装在弹簧的顶部，气门从弹簧座中穿过，气门锁片将气门弹簧座固定在气门杆部上，如图 3-16 所示。

气门锁片有多种类型，最常见的是分体式锁片，其外表为锥形，分成两半用，内孔有环形凸台。气门和气门弹簧组装到气缸盖上之后，锁片内孔环形凸台卡在气门杆部的环槽内，在气门弹簧的作用下，气门锁片外圆锥面与弹簧座锥形内孔配合，并保持自锁状态，使弹簧座固定。这种锁片工作可靠，拆卸方便。

3.3 气门传动组

气门传动组的作用是使进、排气门按照配气相位规定的时间开启与关闭，它由凸轮轴、正时齿轮（或正时链条、正时皮带）、挺柱、推杆、摇臂等组成。

1. 凸轮轴

凸轮轴的作用是按照工作顺序和配气相位的规律及时开、关气门。进、排气门的开闭时刻和开启高度均由凸轮轴的凸轮轮廓线决定。在如图 3-17 所示的凸轮轮廓线中，O 为凸轮轴的轴心，弧 AE 为凸轮的基圆。弧 AB 和弧 DE 为缓冲段，凸轮的升程在此段速度变化较缓慢；弧 BCD 为工作段，凸轮的升程在此段速度变化较快。顶点 C 的最大高度 A 决定了气门的最大开度。气门在 M 点打开，在 N 点关闭，因此，气门的开启时间可表现为凸轮轴转角 φ。

凸轮工作表面与传动件相互摩擦，故应光滑耐磨，以保证气门正常的工作。一般，凸轮工作表面应经热处理后精磨。

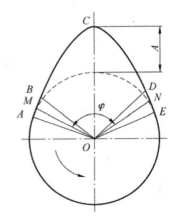

图 3-17 凸轮的轮廓线

在工作中，凸轮轴转速很高，同时受到周期性的冲击载荷作用，故凸轮轴要有足够的韧度和刚度。凸轮轴一般采用优质钢锻造，也有的采用合金铸铁或球墨铸铁铸造。

凸轮轴的结构如图 3-18 所示。凸轮轴上有对应于各个气门的凸轮，当凸轮轴转动时，凸轮在合适的时间打开和关闭气门。凸轮轴上加工有若干个轴颈，用以支承凸轮轴。中部的铸造六角的作用是在检修时便于活动扳手夹住此处，转动凸轮轴。凸轮轴的前端还安装有凸轮轴正时齿轮（或链轮、齿形带轮）。此外，老式发动机采用的下置式凸轮轴上还有用于驱动汽油泵的偏心轮及驱动分电器等装置的齿轮。

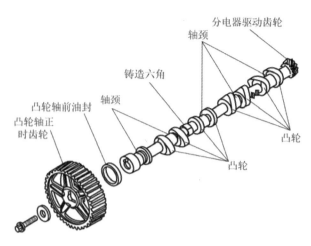

图 3-18 凸轮轴

凸轮轴上各同名凸轮（各进气凸轮或各排气凸轮）间的相对角位置与凸轮轴旋转方向、发动机工作顺序、气缸数和做功间隔角等因素有关。如图 3-19 所示，如果从发动机风扇端看，凸轮轴为逆时针方向旋转，工作顺序为 1—3—4—2 的四缸发动机的做功间隔角为 720°/4＝180°，其曲轴转角相当于 90°，则它的凸轮轴转角，即各同名凸轮间的夹角为 90°。对于工作顺序为 1—5—3—6—2—4 的六缸发动机，其同名凸轮间的夹角为 60°。同一气缸的进、排气凸轮，即异名凸轮的相对角位置，取决于配气正时及凸轮轴旋转方向。

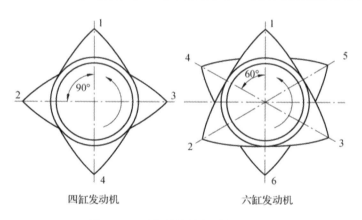

图 3-19 同名凸轮的相对角位置

中置式和下置式凸轮轴的轴承一般制成衬套压入整体式轴承座孔内，再加工轴承内孔，使其与凸轮轴轴颈相配合。上置式凸轮轴的轴承多由上、下两片轴瓦对合而成，然后装入剖分式轴承座孔内。

凸轮轴的轴承材料多与主轴承相同，在低碳钢钢背上浇敷减磨合金层，也有的凸轮轴轴承采用粉末冶金衬套或青铜衬套。

凸轮轴由曲轴驱动，其传动机构有齿轮式、链条式及齿形带式。齿轮式传动机构用于下置式和中置式凸轮轴的传动。汽油发动机一般只用一对正时齿轮，即曲轴正时齿轮和凸轮轴正时齿轮。柴油发动机需要同时驱动喷油泵，所以增加一个中间齿轮。为了保证齿轮啮合平顺，噪声低，磨损小，正时齿轮都是圆柱螺旋齿轮，并用不同的材料制造。曲轴正时齿轮用中碳钢制成，凸轮轴正时齿轮则用铸铁或夹布胶木制成。为了保证正确的配气正时和喷油正时，传动齿轮上刻有正时记号，如图 3-20 所示，装配时必须对正记号。

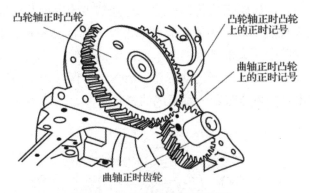

图 3-20　正时齿轮及正时记号

齿轮式传动结构简单，工作比较平稳，配气正时控制精度高，又不需要张紧机构，摩擦损失小，使用中也不需调整、维护，所以曾经是一种应用极为广泛的传动方式。目前，在车用柴油发动机上仍主要采用这种方式。

链条式传动机构用于中置式和上置式凸轮轴的传动，尤其是上置式凸轮轴的高速汽油发动机，多采用链传动机构。链条一般为滚子链，工作时应保持一定的张紧度，以免产生振动和噪声。为此在链传动机构中装有导链板，并在链条的松边装有张紧器。

链条式传动机构的正时记号标在正时链轮和链条上，在装配时，应使曲轴正时链轮、凸轮轴正时链轮上的正时记号同时与链条上相应的正时记号对齐，以保证配气相位正确，如图 3-21 所示。

链条式传动的优点是结构简单、质量小、安装精度低、可靠性高、使用寿命长，缺点是工作时噪声大、需要润滑、维护麻烦。

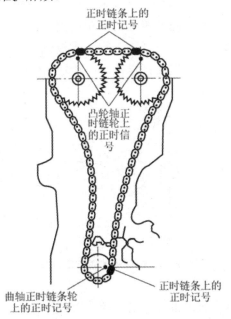

图 3-21　链条式传动机构

齿形带式传动机构用于上置式凸轮轴的传动，与齿轮式和链条式传动机构相比，具有噪声小、质量小、成本低、工作可靠和不需要润滑等优点。另外，齿形带伸长量小，适合有精确定时要求的传动。因此，齿轮带式传动机构被越来越多的汽车发动机，特别是轿车发动机所采用。齿形带由氯丁橡胶制成，中间夹有玻璃纤维，齿面粘覆尼龙编织物，如图 3-22 所示的肩部放大图。在使用中，齿形带不能与水或润滑油接触，否则容易引起跳齿。齿形带轮由钢或铁基粉末冶金制造。为了确保传动可靠，齿形带需保持一定的张紧力，为此在齿形带式传动机构中也设置由张紧轮与张紧弹簧组成的张紧器，如图 3-22 所示。

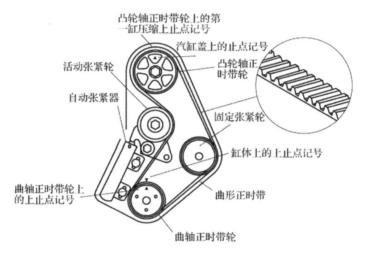

图 3-22　齿形带式传动机构

为了限制凸轮轴在工作中产生的轴向移动或所承受的螺旋齿轮在传动时产生的轴向力，凸轮轴需要轴向定位。若凸轮轴轴向移动量过大，则会影响采用螺旋齿轮传动的凸轮轴的配气正时。上置式凸轮轴通常利用凸轮轴承盖的两个端面和凸轮轴轴颈两侧的凸肩进行轴向定位。中置式、下置式凸轮轴的轴向定位通常采用止推板来实现，止推板用螺栓固定在机体前端面上。第三种轴向定位方法是止推螺钉定位。凸轮轴的轴向定位方式如图 3-23 所示。

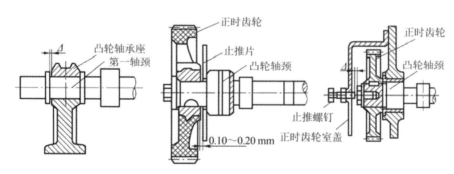

图 3-23　凸轮轴的轴向定位方式

2. 挺柱

挺柱的底部紧靠在凸轮表面，将凸轮的运动传递给推杆或气门挺柱。挺柱可分为机械挺柱和液力挺柱两大类。机械挺柱的结构如图 3-24 所示,一般制成筒式,内部的凹球形窝座与推杆相配合,挺柱底面与凸轮表面接触,承受凸轮轴旋转时的侧向推力。为减小这种侧向力造成的磨损,有些大缸径的柴油发动机采用滚轮式挺柱。

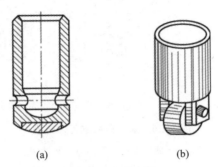

图 3-24 机械挺柱

(a) 筒式;(b) 滚轮式

挺柱通常用镍铬合金铸铁或冷激合金铸铁制造。挺柱底部工作表面要求光滑耐磨,需经热处理后精磨。挺柱安装在发动机的挺柱导孔中。

现代发动机一般采用液力挺柱,可以自动调节挺柱长度,补偿传动件之间的间隙,减小零件的磨损和冲击。

液力挺柱有不同的结构形式,如图 3-25 所示为桑塔纳汽车发动机的液力挺柱,主要由柱塞、球阀和补偿弹簧等组成。

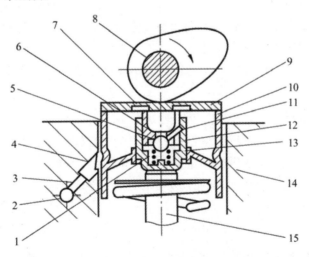

图 3-25 桑塔纳汽车发动机的液力挺柱

1—高压油腔;2—气缸盖油道;3—量油孔;4—斜油孔;5—球阀;6—低压油腔;7—键形槽;8—凸轮轴;
9—挺柱体;10—挺柱焊缝;11—柱塞;12—油缸;13—补偿弹簧;14—气缸盖;15—气门杆

液力挺柱的工作原理是利用油压调节挺柱的高度,精确传递运动,其工作过程如图 3-26 所示。液力挺柱的上端面与凸轮轴紧密接触。当发动机刚开始工作时,高压油腔内无油压,此时挺柱柱塞处于最底部,挺柱与气门杆尾部之间存在较大的间隙,气门会产生短时的异响。

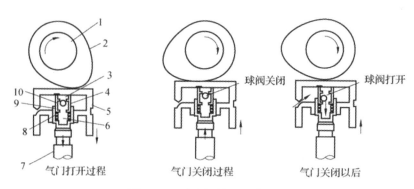

图 3-26 液力挺柱的工作过程

1—凸轮轴；2—凸轮；3—低压油腔；4—柱塞；5—挺柱体；6—高压油腔；
7—气门；8—补偿弹簧；9—油缸；10—球阀

随着发动机的运转，润滑油经油道和油孔进入低压油腔，推开单向球阀，逐渐充满高压油腔。油压上升，推动柱塞下行，挺柱的有效工作长度增加，从而压紧气门杆。由于柱塞的上升力不足以克服气门弹簧的张力，此时柱塞仅仅消除了气门机构的间隙而不会打开气门。

消除间隙后，在油压及补偿弹簧的作用下，高压油腔的止回球阀关闭。油液的不可压缩性使柱塞能够产生刚性，维持原有长度，在凸轮的推动下打开气门。在此过程中，会有少许油液通过挺柱体与柱塞的间隙泄漏出去。

当凸轮转过工作面时，挺柱回位，气门关闭。气门落座后，油腔内的油压下降，低压油腔内的润滑油再次推开球阀，注入高压油腔内，补充油液，重复循环以上动作。

由此可见，通过改变挺柱油腔内的润滑油压力就可以调节液力挺柱的工作长度，从而起到自动调整气门间隙的作用，减小了运动件之间的冲击和噪声。同时，采用液力挺柱时，能够通过重新设计凸轮轮廓线使气门开闭动作更加迅速，更适应现代高速发动机的要求。

3. 推杆

推杆处于挺柱和摇臂之间，结构如图 3-27 所示。其作用是将挺柱传来的运动和作用力传给摇臂。在下置式凸轮轴配气机构中，推杆是一个细长杆件，加上传递的力很大，所以极易弯曲。因此，推杆要有较好的纵向稳定性和较大的刚度。推杆一般用冷拔无缝钢管制造，两端焊上球头和球座；也可以用中碳钢制成实心推杆，这时两端的球头或球座与推杆锻成一个整体。

4. 摇臂

摇臂的作用是将推杆和凸轮传来的运动和作用力改变方向后传给气门，使其开启，如图 3-28 所示。摇臂在摆动过程中承受很大的弯矩，因此应有足够的强度和刚度以及较小的质量。摇臂由锻钢、可锻铸球、球墨铸铁或铝合金制造。摇臂是一个双臂杠，以摇臂轴为支点，两臂不等长。短臂端加工有螺纹孔，用来拧入气门间隙调整螺钉；长臂端加工成圆弧面，是推动气门的工作面。

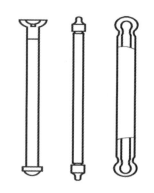

图 3-27 推杆

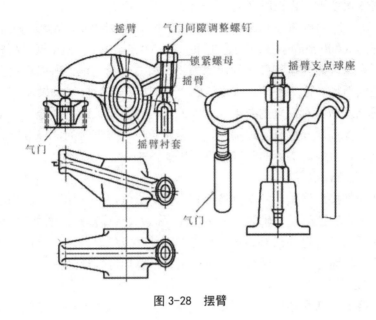

图 3-28 摆臂

任务三 配气相位及气门间隙

3.4 配气相位

配气相位是指用曲轴转角表示的进、排气门的实际开闭时刻和开启持续时间，通常用曲轴转角的环形图来表示，即配气相位图，如图 3-29 所示。

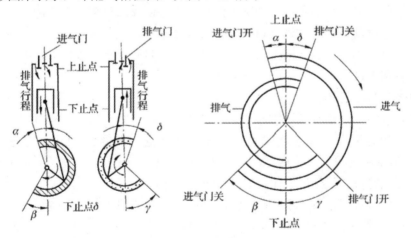

图 3-29 配气相位

发动机的配气机构要进气尽量充分，排气尽量干净，以提高充气效率，增大发动机的输出功率。

四行程发动机的每一工作循环内，曲轴旋转两圈，即 720°，理论上进气、压缩、做功、排气四个行程内曲轴各转 180°，即进气门在曲拐处于上止点时开启、在曲拐处于下止点时关闭，排气门在曲拐处于下止点时开启、在曲拐处于上止点时关闭。

但实际上，现代发动机曲轴转速很高，每一行程的持续时间非常短。如迈腾1.8T型轿车的发动机转速可达6 000 r/min，一个行程时间仅有0.005 s，进气和排气过程相当短。此外，进气门从关闭到完全开启与排气门从开启到关闭都需要一个过程，所以理论上的气门开闭时刻会使发动机进气不足，排气不净，难以达到"进饱排净"的换气效果。

为了满足现代发动机对换气的要求，实际的气门开启和关闭时刻通常并不在曲拐的上、下止点处，而是分别提前开启和延迟关闭，适当延长进、排气时间，以改善进、排气过程，有效提高发动机的动力性。实际的配气相位安排如图3-29所示。

（1）进气门提前开启。

在上一循环排气接近终了，活塞到达上止点前，进气门便开始开启。从进气门开启的时刻至曲拐到达上止点位置时，曲轴转过的角度 α 称为进气提前角，通常为10°～30°。

进气门提前开启，可以使活塞通过上止点向下移动吸气时，进气门已经有较大的开度，从而获得较大的进气通道面积，同时减小进气阻力，增加进气量。

（2）进气门延迟关闭。

在进气行程终了，活塞通过进气下止点又重新上行一段时间后，进气门才关闭。从曲拐到达下止点位置时至进气门完全关闭的时刻，曲轴转过的角度 β 称为进气延迟角，通常为40°～80°。

活塞到达进气下止点时，在进气吸力的惯性作用下，气缸内气体压力仍然低于大气压，利用大气压的作用仍能进气。因此，进气门延迟关闭可以有效增加进气量。

（3）排气门提前开启。

在做功行程接近终了，活塞到达做功下止点前，排气门便开始开启。从排气门开启的时刻至曲拐到达上止点位置时，曲轴转过的角度 γ 称为排气提前角，通常为40°～80°。

排气门提前开启，可以利用做功终了的气体压力使大部分废气高速冲出气缸。排气门在做功行程未终了时便打开，这样会造成一定的功率损失，但此时气压仅有0.3～0.4 MPa，因此对活塞做功意义不大。当活塞到达下止点时，排气门开度进一步增大，减小了活塞上行的排气阻力，有利于排净废气。

（4）排气门延迟关闭。

在排气行程终了，活塞通过排气上止点又重新下行一段时间后，排气门才关闭，从曲拐到达上止点位置时至排气门完全关闭的时刻，曲轴转过的角度 δ 称为排气延迟角，通常为10°～30°。活塞到达排气上止点时，气缸内的废气压力仍高于大气压力，加上排气气流的惯性力作用，适当将排气门延迟关闭可以使废气排放干净。

从图3-29中可以看出：实际的进气行程持续时间相当于曲轴转角为180°+α+β，通常为230°～290°；排气行程的持续时间相当于曲轴转角为180°+γ+δ，通常为230°～290°。进气时间与排气时间均得到了延长，以达到进气充足、排气干净的效果。

实际的配气相位由制造厂根据发动机的型号，通过试验的方法确定。配气相位的准确性和可靠性对发动机的经济性和动力性有很大影响。

由于进气门早开，排气门晚闭，使得活塞处于排气上止点附近时进、排气门同时开启，这种现象称为气门叠开。在配气相位图上，把进、排气门同时开启的时间所对应的曲轴转角称为气门重叠角,即 $\alpha+\delta$,通常为 20°～60°。

气门叠开可能会带来废气窜入进气管、新鲜气体直接排出气缸等问题。但实际上,只要气门重叠角安排适当,由于进、排气流维持各自的惯性流动方向,且重叠时间短,气门开度小,一般不会发生混乱的情况。

3.5 气门间隙

发动机在冷态下,当气门处于关闭状态时,气门与其传动件之间的间隙称为气门间隙。发动机工作时,气门及其传动件,如挺柱、推杆等都将因为受热膨胀而伸长。如果气门与其传动件之间,在冷态时不预留间隙,则在热态下气门会被顶开,气门与气门座之间的密封会遭到破坏,造成气缸漏气,从而使发动机功率下降,起动困难,甚至不能正常工作。为此,在装配发动机时,在气门与其传动件之间需预留适当的间隙。气门间隙既不能过大,也不能过小。气门间隙过小,不能完全避免上述问题;气门间隙过大,在气门与气门座以及各传动件之间将产生撞击和响声。最适当的气门间隙由发动机制造厂根据试验确定。

气门顶部是组成燃烧室的部分,当发动机工作时,气门会吸收热量而发生膨胀。如果在冷态时气门与传动件之间没有间隙或者间隙过小,则在热态时,气门与传动件的热膨胀会使气门在压缩和做功行程中关闭不严,使得气缸漏气,造成发动机功率下降。

为避免这种情况,在发动机装配时,通常将气门完全关闭时的气门杆尾端与传动件(摇臂或挺柱)之间留有一定的间隙,以补偿气门与传动件的热膨胀量,如图 3-30 所示。

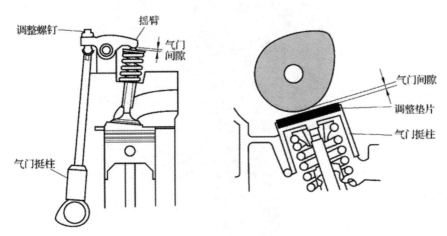

图 3-30 气门间隙

通常排气门间隙大于进气门间隙,这是因为排气门受到高温废气的冲刷,其温度高于进气门,热膨胀量相对较大。在冷态时,进气门间隙为 0.25～0.30 mm,排气门间隙为 0.30～0.35 mm。

采用机械挺柱的配气机构需要设置气门间隙,采用液力挺柱的配气机构因其挺柱长度能自动调节而无需设置气门间隙。

3.6 可变配气正时机构及其控制技术

合理选择配气相位，保证较高的充气效率，是改善发动机性能的关键。

通常，发动机只有一套气门正时设计和凸轮形状。配气相位由制造厂根据试验确定，一般是固定的。但在实际工作过程中，发动机高转速工况和中、低转速工况对气门正时和升程的要求是不同的。

高速时，为提高功率，需增大进气量，应适当延长进气持续时间，增加气门开度；低速时，要求的进气量较小，且由于存在气门叠开现象，低转速时废气倒流的可能性增大，会造成功率下降。为适应这些要求，20世纪80年代出现了可变式气门驱动机构的新技术，可变配气正时机构能够根据发动机的工况，及时改变配气相位，通过气门升程和气门正时的变化，使气门开闭的规律更符合发动机的工作要求，改善发动机的工作性能。

典型的可变配气正时机构是本田公司于1989年研制的可变气门正时和气门升程电子控制系统，即VTEC系统，如图3-31所示，能够同时控制气门开闭时间及升程，使发动机在高、低速下均有较好的工作性能。

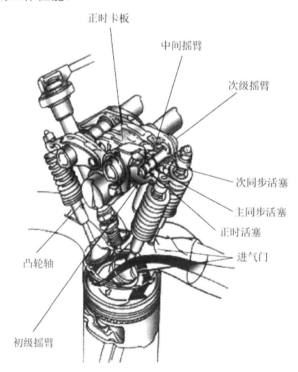

图3-31 VTEC系统

VTEC系统不工作时，正时活塞和主同步活塞位于初级摇臂缸内，与中间摇臂等宽的中间同步活塞位于中间摇臂油缸内，次同步活塞则和弹簧一起位于次级摇臂油缸内。正时活塞的一端和液压油道相通，油道的开闭由电子控制单元通过VTEC系统的电磁阀来控制。

发动机处于低速工况时，如图3-32所示，电子控制单元无指令，油道内无油压，各活塞位于各自的油缸内，各摇臂均独自做上下运动。初级摇臂紧随主凸轮开闭主进气门，供给发

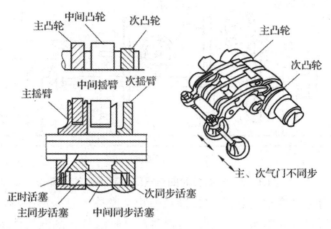

图 3-32 发动机低速运转时

动机在低速工况时所需的气体。次凸轮迫使次级摇臂微微起伏,次进气门微微开闭。中间摇臂虽然随着中间凸轮大幅度运动,但它对任何气门均不起作用。此时,发动机处于单进、双排气门工作状态,吸入的气体不到高速时的一半。因所有气缸参与工作,发动机的运转十分平稳。

当转速提高时,发动机的各传感器将监测到的载荷、转速以及水温等参数送至电子控制单元。通过分析、处理、判断,需要变换为高速模式时,电子控制单元发出信号打开 VTEC 系统的电磁阀,使液压油进入摇臂轴内,推动同步活塞将三只摇臂贯穿成一体,均由高速凸轮驱动,使两只进气门都按高速模式同步工作,增加了进气面积和气门开启的持续时间,从而提高了发动机高速时的动力性。

当发动机转速降低时,电子控制单元再次发出信号,打开 VTEC 系统的电磁阀,使液压油泄出,同步活塞回移,气门再次回到低速工作模式。

技能训练 1　气门组零件的检修

1. 气门的检查

气门在工作中受到高温高压气体的冲击和腐蚀,其顶面会产生裂纹和烧蚀。气门锥形接触面与气门座相互撞击、摩擦,且润滑困难,会产生斑痕、烧伤或偏磨引起的凹陷。当气门有明显的裂纹、破损、熔蚀、烧蚀等损伤时,应更换气门。

气门顶部受到气体高压作用,尾部受到传动件的推力作用,容易造成气门杆部的弯曲。此外,气门顶部与活塞发生碰撞、气门间隙过小、杆部与导管间隙过大等因素都会使气门杆部发生弯曲。气门杆部弯曲会造成气门顶部的歪斜,使气缸密封性下降。

气门杆部的弯曲可用百分表进行测定。如图 3-33 所示,将清洗干净的气门支承在相距 100 mm 的 V 形块上,用百分表触头抵住气门杆部,转动气门一圈,百分表的最大与最小读数之差即表示气门杆部的弯曲程度。再用百分表触头抵住气门头部,转动气门头部一圈,百分表的最大与最小读数差值的 1/2 即为气门头部的倾斜度误差。若气门杆部弯曲或气门头部歪斜超过规定限度,可用压力机对其进行校正或更换气门。

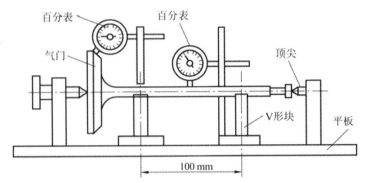

图 3-33 气门杆弯曲与气门头部歪斜的检查

气门杆部在气门导管内往复运动，其接触面相互摩擦，且润滑困难，易产生磨损，导致气门杆部与导管孔的配合间隙增大，使气门歪斜，气缸漏气。高温气体窜入导管内，会使气门与导管过热，加速磨损，还可能将导管中的润滑油烧结，使气门卡死。

气门杆部的磨损程度可以用外径千分尺测量。如图 3-34 所示，在气门杆部上、中、下三个部位的相互垂直位置分别进行测量，将测量尺寸与规定尺寸比较。若测量尺寸超过极限，即气门杆部与气门导管的配合间隙过大时，应更换气门和气门导管。

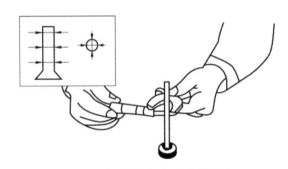

图 3-34 测量气门杆部的磨损程度

2. 气门座的检修

1）气门座的损伤检查

气门座在工作中受到高温高压气体作用，工作面会呈现斑点或凹陷，造成气门关闭不严，使气缸漏气。同时，气门的冲击载荷会引起气门座的松动，使其工作表面变形。气门座密封带的耗损会使气门座工作面宽度增大，密封性能降低。

检查时，擦净气门座并观察其工作面，若气门座工作面磨损变宽超过 2 mm 或工作面烧蚀出现斑点、凹陷，则可以采用铰削和磨削的方式进行修复。

2）气门座的铰削

气门座的工作表面由三个锥面组成，它们分别与气缸盖平面成 15°，45° 和 75° 夹角。45° 锥面是工作面，15° 和 75° 锥面用来调节工作面的宽度及气门接触环带与气门座的接触位置。

通常使用气门座铰刀进行铰削，方法如图 3-35 所示。为了保证气门座各锥面与气门导管的同轴度，铰削气门座时，应用气门导管作为定位基准。因此，铰削气门座之前必须先修理或更换气门导管。

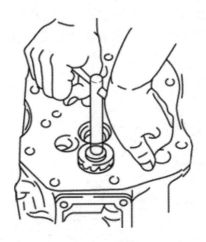

图 3-35 铰削气门座

铰削前，应根据气门尺寸选择合适的铰刀和刀杆。铰刀的角度是指刀刃的工作面与铰刀中轴线之间的夹角，各种尺寸的铰刀均有 15°，45° 和 75° 三种角度，其中 45° 铰刀又分为精铰和粗铰两种。铰刀杆应与气门导管内孔相适应。

铰削气门座的步骤如图 3-36 所示。

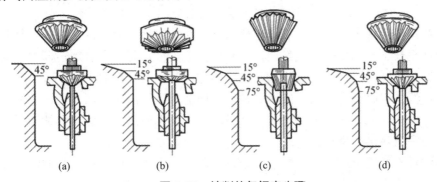

图 3-36 铰削的气门座步骤

(a) 粗铰；(b) 接触面偏上,铰上口；(c) 接触面偏下,铰下口；(d) 精铰

（1）先粗铰 45° 角，消除凹陷、烧蚀、斑点等缺陷。铰 15° 角，可以从上方缩小气门接触环带的宽度；铰 75° 角可以从下方缩小气门接触环带的宽度。

（2）然后用新气门或者光磨过的气门进行试配，要求接触环带宽度合适，位置应在气门锥面的中下部。75° 角和 15° 角的铰削量决定了气门座与气门接触环带的接触面位置。如果接触面偏上，应用 75° 铰刀加大 15° 角的铰削量，使接触面下移；如果接触面偏下，可用 15° 铰刀加大 75° 角的铰削量，使接触面上移。

（3）最后精铰 45° 角，以降低接触面的粗糙度。

在铰出完整工作面的前提下，气门座铰削量应越小越好，铰削时用力要均匀，起刀、收刀动作要轻，合适的铰削能大大增加气门座的使用寿命。

3）气门座的磨削

当气门经光磨、气门座经铰削后，为提高配合精度，还应对二者进行研磨。气门应与气门座配对研磨，使密封锥面配合紧密，提高密封性能。另外，如果气门与气门座表面只有轻微斑点等损伤,则无需进行光磨和铰削,可通过磨削消除缺陷。

磨削气门座有手工研磨和用气门研磨机研磨两种方式,用橡皮捻子手工研磨的方法如图 3-37 所示。

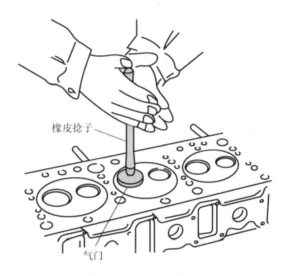

图 3-37 手工磨削气门

研磨前,在接触环带上均匀涂抹少许粗研磨膏,在气门杆部涂少许润滑油并将其插入气门导管中,用橡皮捻子的橡皮碗吸住气门,不断地上下拍打,同时左右旋转,并改变气门与气门座相互接触的位置,以保证研磨均匀。当气门与气门座的工作面出现一条整齐而无斑痕的接触环带时,洗去粗研磨膏,换用细研磨膏继续研磨;当气门工作面出现一条位于气门锥面中部附近,宽 1～2 mm,没有光泽的灰色环带时,洗去细研磨膏,涂上润滑油再研磨几分钟即可;最后彻底清除研磨膏和磨屑。

操作时应注意不要过分用力,严禁上下敲打气门,否则将出现凹痕,影响维修质量。研磨后的气门与气门座不能互换。

4) 气门与气门座的密封性检查

研磨好的气门与气门座尺寸应符合规定,并应进行密封性检查。常用的检查方法有如下几种。

(1) 划线法。如图 3-38 所示,在研磨后的气门工作面上用 6B 软铅笔沿径向每隔 4 mm 等分划线,然后将气门与气门座相互配合并施加压力,转动气门 1/4 圈后取出观察。如果铅笔线痕迹全部从中间被切断,说明气门接触良好;如果有的线条未被切断或被切断的位置不对,则说明气门密封性不合要求,应重新研磨或修复。

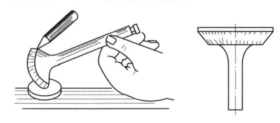

图 3-38 用划线法检查气门密封性

（2）煤油试验法。将气缸燃烧室朝上放置，把气门安装到气门座上，从气门头部倒入适量煤油，五分钟后观察密封面，若无煤油渗漏现象，说明气门密封性良好。

（3）红丹鉴别法。在气门工作表面上涂一薄层红丹油，将气门压在气门座上转 1/4 圈，取出后观察工作面印痕。若气门被刮去的红丹油布满气门座孔，无间隙，说明气门密封性良好。

（4）仪器检验法。如图 3-39 所示，将气门装入气门座后，用带有气压表的气门密封检验器进行检查，将空气容筒紧压在气门头部位置，使其端面与气缸盖结合面保持良好密封，然后捏橡皮球向筒内充气，使气压升至 0.6～0.7 MPa。观察气压表，如果 30 s 内读数不下降，则表示气门密封性良好。

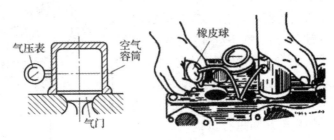

图 3-39　用气门密封检验器检查气门密封性

5）气门座的镶配

当气门座松旷，产生裂纹、烧蚀或严重磨损时，都应更换气门座。气门座圈经多次修理后，工作面逐渐下陷，会影响气门与气门座的正确配合，如果气门座工作面低于气门座圈原平面的值超过限度，也应更换气门座。

更换气门座的步骤如下。

（1）拆下旧气门座。已松动或者断裂的气门座可以用扁铲凿断，然后用钳子夹出。对于镶嵌较牢固的气门座圈，也可用如图 3-40 所示的专用拉器拉下，或者在气门座内侧点焊若干个焊点，通过敲击焊点将其拆下。

清理气缸盖上气门座承孔表面，除去金属屑等异物，检查承孔形状是否规则，保证其与气门座的配合表面完整、光滑。

（2）选配新气门座。测量气门座圈承孔直径，选择合适的新气门座，气门座与承孔的配合应有 0.075～0.125 mm 的过盈量，以防止气门座在发动机工作中松脱，造成重大事故。若过盈量太大，且两气门相距较近，则会导致两气门座承孔之间的部分强度较低，在压镶气门座时容易胀裂。

（3）镶装气门座。为保证过盈配合，通常采用热镶或冷镶的方法镶装气门座。

冷镶法是将气门座圈在液氮中冷冻处理至 −195 ℃后迅速压入气门座承孔的方法。一般汽车制造厂多采用这种方法。

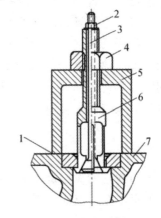

图 3-40　用专用拉器拆卸气门座

1—气门座；2—张开用螺母；
3—胀开锥；4—施加拉力螺母；
5—套筒；6—弹簧卡头式拉爪；
7—缸盖

热镶法是用喷灯将气缸盖上的气门座承孔加温至 100 ℃，在气门座配合面上涂抹密封剂，对准承孔后，垫以软金属，将气门座平稳压入的方法。

（4）检查镶入的气门座圈。将高出气门座承孔平面的部分修平。镶配好的气门座应配合紧密，牢固可靠。气门与气门座修好后，发动机燃烧室的容积不得小于原厂规定的 95%，各燃烧室的容积差不得大于 4 mL。

3. 气门导管的检修

气门导管与气门杆部在工作中做相对运动，其接触面相互摩擦，容易产生磨损，使配合间隙增大，造成气门与气门座密封不严或者偏磨。气门导管内径的磨损可以通过测量气门导管与气门杆部的配合间隙来进行检查。

如图 3-41 所示，将气门提起至高出气缸盖平面 15～20 mm 的位置，用百分表触头抵住气门头部的边缘，将气门分别推向和推离百分表，百分表测得的数值之差即表示气门在导管孔内的径向摆动量。径向摆动量超过磨损极限时，应更换气门导管。如果在修理过程中更换了气门，也应对新气门杆部与气门导管的配合间隙进行测量。

更换气门导管时，用专用工具将气门导管从凸轮轴一侧压出，带有台肩的导管可从燃烧室压出。

选择合适的新气门导管，要求其内径与气门杆部尺寸相适应，外径与气门导管承孔为过盈配合，通常过盈量约为气门导管外径的 2%。气门导管的过盈量可用新旧气门导

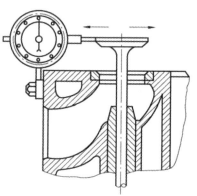

图 3-41 检测气门导管与气门杆部的配合间隙

管对比的方法确定，新导管应比旧导管大 0.01～0.02 mm 为适当。将新气门导管外壁涂上一层润滑油，用专用工具将其压入气缸盖上的气门导管承孔内。压入带有台肩的气门导管时用力不能过大，否则会使台肩断裂。气门导管伸入气道的深度应符合标准，伸入气道长度过大会增大进、排气阻力，过小则会引起气门振动，且容易烧蚀气门密封带。

气门杆部与气门导管的配合间隙是决定气门导管寿命的关键。配合间隙不能过小，否则气门杆部受热后会卡在气门导管中。因此更换气门导管后，应检查气门杆部与气门导管的配合间隙是否符合标准。将气门杆部和气门导管的配合面擦净，在气门杆部表面涂一层润滑油，再将其放入气门导管内，上下拉动几次。若气门能在自身重力作用下缓慢落座，则认为配合适当。

4. 气门油封的检修

气门油封的作用是控制从气门导管上部经气门杆部和气门导管的间隙流入进、排气管道内的润滑油量。气门杆部和气门导管合适的配合间隙以及可靠的气门油封，能保证配气机构的工作可靠性。

气门油封接触高温气体，易被腐蚀，使窜入燃烧室的润滑油量增加，造成积炭。气门油封损坏或变硬老化后应更换。选择新的气门油封，其外观应圆整光滑，内外圆同轴度高，弹力强，具有不易变形老化、经久耐用等良好性能。安装气门油封时必须小心谨慎，切勿划伤橡胶层。

5. 气门弹簧的检修

气门弹簧在工作中受到交变载荷的作用，其常见的损伤有弯曲变形、弹力减弱、表面擦伤、端面不平、裂纹和折断等。

观察气门弹簧有无折断，表面有无裂纹、擦痕、锈蚀。若有，应更换气门弹簧。

观察气门弹簧座表面是否光洁，若有裂纹、凹陷、锈蚀，应更换气门弹簧座。

如图 3-42 所示，用游标卡尺测量气门弹簧的自由长度，测量的结果应符合规定，否则须更换气门弹簧。

如图 3-43 所示，将气门弹簧放在平台上，用直角尺检测弹簧的弯曲变形量。若气门弹簧的弯曲变形量超过限度，应校正或更换气门弹簧。校正后的气门弹簧应加热至 270～290 ℃，并保温 10 min，以消除内应力。

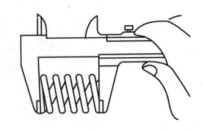

图 3-42 测量气门弹簧的自由长

如图 3-44 所示，将气门弹簧置于弹簧检验器台架上的支承座与压头之间，扳动手柄，使压头下移压缩弹簧，检测气门弹簧的弹力。观察压力表及长度标尺的读数，与标准值比较，如果未达到规定值，应更换弹簧。

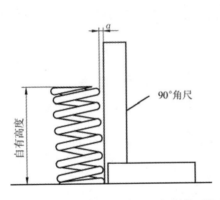

图 3-43 检测气门弹簧的弯曲变形量

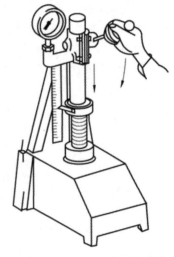

图 3-44 检测气门弹簧的弹力

技能训练 2　气门传动组零件的检修

1. 凸轮轴的检修

凸轮轴的主要损伤有凸轮轴弯曲变形，凸轮工作表面擦伤或异常磨损，轴颈、偏心轮、齿轮磨损，以及正时齿轮轴颈键槽的磨损等，这些损伤会影响配气机构的工作可靠性。

将凸轮轴擦净，检查凸轮与轴颈表面有无裂痕、烧蚀和擦伤，键槽有无磨损或扭曲。如损伤在修理范围内，可对凸轮轴进行修整；若损伤严重，应更换凸轮轴。

如图 3-45 所示，检测凸轮轴的弯曲变形量。将凸轮轴的两端轴颈支承于平台的 V 形块

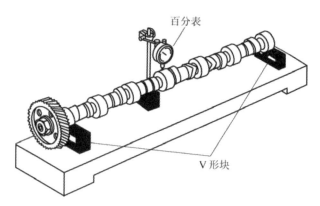

图 3-45 检测凸轮轴的弯曲变形量

上,使磁性表座上的百分表触头与中间轴颈表面接触,缓慢转动凸轮轴一周,百分表的最大摆差即为中间轴颈对两端轴颈的径向圆跳动误差。若凸轮轴的弯曲变形量超出限度,可在压床上对凸轮轴进行冷压校正,方法与曲轴弯曲的校正方法相同;当弯曲变形严重时,应更换凸轮轴。

发动机长期工作后,凸轮会逐渐磨损,外形改变,从而使气门的开闭规律发生变化,直接影响发动机性能;同时还会破坏各传动件的配合关系,造成异响。

如图 3-46 所示,用外径千分尺测量凸轮全高 H 与凸轮基圆直径 D,其差值即为凸轮升程。将测量值与标准值比较,可以确定凸轮高度的磨损程度。如果磨损量在修理范围内,可进行堆焊修复。

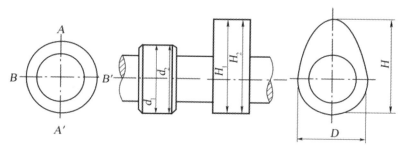

图 3-46 检测凸轮及凸轮轴颈磨损的测量部位

由于凸轮轴在工作中受到径向的周期性交变载荷的作用,其轴颈和轴承座之间会产生磨损。另外,由于凸轮轴润滑条件差,若机油泵出现供油压力不足,或润滑油道堵塞使润滑油无法到达凸轮轴,也会加重凸轮轴轴颈的磨损。

凸轮轴轴颈的磨损会导致凸轮轴与轴承座之间的间隙增大,使凸轮轴运动时发生跳动,产生异响,影响配气机构的正常工作。严重的润滑不良还可能导致凸轮轴断裂。

检测轴颈磨损的方法及测量部位如图 3-47 所示。用外径千分尺测量轴颈的圆度及圆柱度误差。若超过规定值,应按修理尺寸磨削轴颈,并选配相应修理级别的凸轮轴轴承,通过镗削或刮削达到合适的配合间隙。当磨损超过规定极限时,应更换凸轮轴。

此外,驱动分电器及机油泵的传动齿轮或偏心轮表面磨损超过规定极限时,均应更换凸轮轴。

凸轮轴轴向间隙过大，会使凸轮轴发生较大的轴向窜动，增大噪声，影响传动件的正确配合及正常工作。测量凸轮轴轴向间隙的方法如图 3-48 所示，将磁性表座安装在适当的位置，用百分表的触头抵住凸轮轴端面，用撬棒沿轴线方向前后撬动凸轮轴，百分表指针的最大摆差即为凸轮轴的轴向间隙。若此间隙超过规定，可以通过改变调节环的厚度对凸轮轴进行调整。

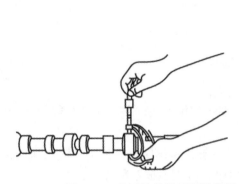
图 3-47 检测凸轮轴轴颈的磨损

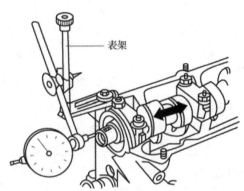
图 3-48 测量凸轮轴的轴向间隙

2. 挺柱的检修

挺柱的工作表面与凸轮相互摩擦，会产生磨痕、凹坑、黑点等缺陷；挺柱与气缸体上的导孔频繁地相对运动，其外圆柱表面易产生磨损；挺柱的球面窝座与推杆下端摩擦，也会发生磨损。

观察挺柱的工作表面，若磨损严重，出现裂纹、疲劳剥落、擦伤划痕等，应更换新挺柱。

观察挺柱的圆柱表面，若磨损严重或出现沟槽等，应更换新挺柱。

如图 3-49 所示，用外径千分尺测量挺柱外圆面直径，用内径千分尺测量导孔内径，两者之差即为挺柱与导孔的配合间隙。若配合间隙过大，挺柱会发生摆动，影响传动的准确性。若配合间隙超过规定极限，应更换新挺柱。

挺柱在导孔内应能上下自如滑动，无卡滞现象。

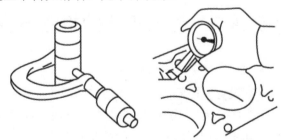
图 3-49 检测挺柱与导孔的配合间隙

3. 推杆的检修

推杆在工作中容易发生弯曲变形。其检测方法如图 3-50 所示，将推杆靠在平板上，用塞尺测量杆身与平板的间隙值，即为推杆的弯曲变形量。推杆的弯曲变形量超过规定极限时，应校正或更换推杆。

推杆上端凹球面与下端凸球面的半径应符合规定。

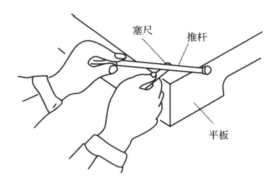

图 3-50 检测推杆的弯曲变形量

4. 正时链轮和链条的检测

正时链条长度的检测方法如图 3-51 所示,对正时链条施以一定的拉力,拉紧后测量其长度。当长度超过允许值时,应更换正时链条。

正时链轮最小直径的检测方法如图 3-52 所示。用链条分别包住凸轮轴正时链轮和曲轴正时齿轮,用游标卡尺测量其直径。当直径小于允许值时,应更换链条和链轮。

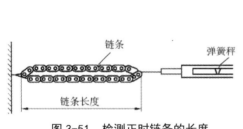

图 3-51 检测正时链条的长度

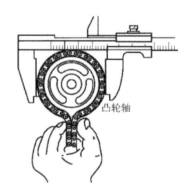

图 3-52 检测正时链轮的最小直径

技能训练 3 配气机构的检测与调整

1. 气门间隙的检测与调整

机械挺柱式配气机构中都设有气门间隙,以补偿气门与传动件的热膨胀量。

如果气门间隙过小,会使气门关闭不严,发动机在工作时可能发生漏气,导致功率下降,并使气门密封面严重积炭;如果气门间隙过大,则凸轮轴至气门的传动距离增大,进、排气门的开启时刻推后,气门开启高度降低,使得进、排气门的开闭规律改变,从而影响发动机的正常工作,还会出现噪声,导致零件磨损加剧。因此,适当的气门间隙,对于维护发动机的正常工作至关重要。

在工作过程中,随着各零件的磨损,配气机构的气门间隙将发生变化。凸轮、气门杆部尾端及挺柱接触面磨损后,气门间隙将变大;而气门与气门座工作面磨损后,气门间隙将变小。为保证配气机构正常工作,气门间隙必须按规定标准进行检测与调整。

1）气门间隙的检测

转动曲轴，使某气缸活塞在压缩上止点位置，将厚薄规插入气门杆部尾端与摇臂之间的间隙中，来回拉动。当感觉稍有阻力时，厚薄规的厚度即为该气门的气门间隙。将测量值与标准值比较，偏大或偏小均应进行调整。

2）气门间隙的调整

常见的调整气门间隙的方法有逐缸调整法和两次调整法。通常，气门间隙的调整过程应在发动机冷态下进行。

（1）逐缸调整法。逐缸调整法即根据气缸的做功顺序，转动曲轴使某气缸活塞在压缩上止点位置后，对此气缸的进、排气门间隙进行调整；调整之后再转动曲轴，按同样方法依次调整其他各气缸的气门间隙；最后对所有气门间隙进行复检。

调整时如图 3-53 所示，先旋松锁紧螺母，将标准厚度的厚薄规插入气门杆部尾端与摇臂之间的间隙中，来回拉动，旋转调整螺钉，若感到有轻微阻力即为合适，旋紧螺母并锁紧后复查一遍。若间隙改变，应重新调整，直至符合技术标准。

（2）两次调整法。配气机构的进、排气门排列有一定的规律。两次调整法即按照气缸的做功顺序和进、排气门的排列规律，转动曲轴使某气缸活塞位于压缩上止点位置时，调整一半的气门间隙；再转动曲轴一周（360°），调整剩余的气门间隙。

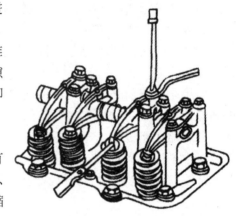

图 3-53 气门间隙的调整

以做功顺序为 1—3—4—2 的四缸发动机为例，转动曲轴，使第一缸活塞处于压缩上止点位置，可调整第一缸两个气门的间隙、第三缸的排气门间隙和第二缸的进气门间隙，方法与逐缸调整法相同。再将曲轴转动一周，使第四缸活塞处于压缩上止点位置，可调整第四缸两个气门的间隙、第二缸的排气门间隙和第三缸的进气门间隙。

逐缸调整法需转动曲轴多次，花费时间长，程序繁琐，但对于磨损较严重的发动机，用逐缸调整法调整气门间隙比较精确。两次调整法比较省时省力，但不同型号发动机的可调气门不同，需要准确判断。全部调整好之后，应对所有气门间隙进行复检。

2. 配气相位的检测与调整

配气相位的准确性和可靠性对发动机的动力性和经济性有很大影响。

发动机长期工作后，凸轮的磨损、机件的装配误差等都会使各传动件的配合关系遭到破坏，从而引起配气相位的改变，导致发动机功率下降，燃油消耗增加。因此要定期对发动机的配气相位进行检测和调整。

1）配气相位的检测

检测配气相位之前，应先调整好气门间隙，使活塞处于排气上止点附近位置，然后进行测量。

如图 3-54 所示，用气门升程法检测配气相位。安装好配气相位检测仪百分表和上止点检测仪百分表，使配气相位检测仪百分表的触头垂直接触进气门弹簧座上平面，转动表盘使指针对准"0"刻度线。缓缓转动曲轴，当上止点检测仪百分表指示活塞分别处于上止点前、后 0.01 mm 位置时，分别读取配气相位检测仪百分表的读数，取二者平均值作为进气门的升程高度。根据进气门的升程高度确定活塞上止点，再将配气相位检测仪百分表的触头垂直接触排气门弹簧座上平面，缓缓转动曲轴至排气门完全关闭，读取排气门的升程高度。根据进、排气门的升程高度，即可对照相关技术标准，判断配气相位的变化。

2）配气相位的调整

若配气相位不准确，应根据具体的变化情况进行调整。

如果个别气门开启的时刻稍微偏晚，可将该气门的间隙适当调小；如果大多数气门的开启时刻一致偏晚，并且略小于或略大于凸轮轴齿轮一个轮齿转角的二倍，可将正时齿轮向转动方向转过一个轮齿；如果是

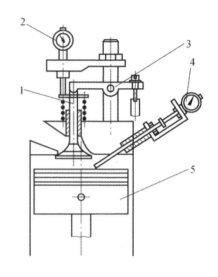

图 3-54 检测配气相位

1—气门；2—配气相位检测仪百分表；
3—摇臂；4—上止点检测仪百分表；5—活塞

由于凸轮磨损而影响配气相位，则应更换凸轮轴等相关零件。换用新零件后，应重新调整配气相位。

技能训练 4　配气机构异响故障的诊断

配气机构的传动零件多，它们在工作过程中频繁撞击与摩擦所造成的磨损或配合松旷都会使发动机在运行中产生异响故障。

配气机构主要的异响有气门尾部响（或称气门脚响）、气门座响、液力挺柱响、凸轮轴响、正时齿轮响等。各种异响有不同的特征。如气门尾部响，一般是怠速时，在气门室处发出连续不断的"嗒嗒嗒"声，响声清脆有节奏，转速增大则响声增大、节奏加快，中速以上时响声变得模糊杂乱，断火试验时响声无变化；气门座响，一般是怠速时，在气门座处发出"啪啪啪"的金属敲击声，转速增大则响声也随之增大；液力挺柱响，一般是怠速时发出有节奏的金属敲击声，转速增大则响声减弱或消失。

气门尾部响的原因可能是润滑不良，调整螺钉磨损、凸轮磨损或调整不当造成气门间隙过大，气门杆部尾端接触面不平，气门杆部与气门导管配合间隙过大，摇臂与摇臂轴配合松旷等。

气门座响的原因可能是气门杆部与气门导管配合间隙过大，气门座松旷，密封锥面磨损等。

液力挺柱响的原因可能是挺柱的液压偶件磨损过大，液压油供油不足，挺柱与导孔配合面磨损严重等。发动机出现异响故障时，首先应使发动机怠速运行，用听诊器或螺丝刀进行听诊，确定异响部位，再根据异响发生的位置和特征判断异响的类型。

初步听诊异响的步骤如下。

（1）用螺丝刀接触各气缸燃烧室部位，如果有异响，则可能为活塞顶部撞击气缸盖或气门座响。

（2）用螺丝刀接触气门室对面部位，如果有异响，则可能是活塞敲击气缸响。在气门室一侧可听诊气门组件及挺柱的异响。

（3）用螺丝刀接触凸轮轴的前、后衬套部位或正时齿轮盖部位，如果有异响，则可能是凸轮轴正时齿轮破裂或螺母松动、凸轮轴衬套松旷引起的。

然后可以采用改变发动机的转速的方法判断异响类型。如果发动机怠速或低速运转时，异响较为清晰明显，则可能是活塞敲击气缸响、活塞销响、气门尾部响等；如果发动机中速运转时，异响较为明显，则可能是连杆轴承响、气门座响、凸轮轴响等。

还可以采用单缸断火的方法进一步判断异响类型。如果单缸断火时，响声减小，则可能为连杆轴承响或活塞敲击气缸响。如果单缸断火时，响声增大，则可能为活塞销响、连杆轴承盖螺栓松动响、活塞敲击气缸响。如果单缸断火时，响声不变或变化不大，则可能为气门尾部响。

若是气门尾部响，可将气门室盖拆下，在怠速时将适当厚度的厚薄规插入气门间隙中。如果响声消失或减小即可确诊异响故障原因为该气门间隙过大；如果响声不变，可用螺丝刀撬动气门杆部，若响声消失，说明异响故障原因为气门杆部与气门导管磨损太严重。

若是气门座响，可拆下气缸盖检查气门和气门座。如果气门严重烧蚀，应更换；如果气门座圈轻微烧蚀，可进行研磨。

若是液力挺柱响，先检查润滑油压力。若压力正常，应更换液力挺柱。

思考与练习

（1）配气机构的作用是什么？

（2）配气机构有哪些分类形式？

（3）进、排气门为什么要早开晚关？

（4）在采用机械挺柱的配气机构中，为什么要预留气门间隙？气门间隙过大、过小各有什么危害？

（5）什么是配气相位？什么是气门叠开？

（6）简述本田汽车可变式气门驱动机构（VTEC 系统）的工作原理。

项目四　润滑系统的构造与检修

【学习目标】

知识目标：了解发动机润滑系统的作用、组成和润滑方式；熟悉发动机润滑系统各构件的名称及功能；掌握发动机润滑系统的工作过程及常见故障。

技能目标：了解发动机润滑系统的工作原理；掌握发动机润滑系统各构件的检修工艺；能查阅发动机维修资料，按维修规范更换润滑油，排除常见故障。

【案例导入】

一辆已行驶 100 000 km 的轿车进店维修，客户反映该车近来油压报警灯常亮，警报蜂鸣器同时鸣响报警，提速困难，排气管冒烟严重。

【学习引导】

对这辆车，我们应首先进行试车，看看是否有客户反映的故障现象，然后进行全面的检查，并对发动机润滑系统进行诊断分析。

如何对发动机润滑系统进行故障诊断呢？本项目主要介绍发动机润滑系统的作用、组成，各构件的检修及整体故障的检测排除方法。

通过之前的学习，我们知道汽车发动机的许多构件是通过其相互之间的相对运动来实现整体功能的。它们之间接触的表面用肉眼看似乎很光滑，但将细微部分放大就会发现处处是凹凸不平的，所以发生相对运动的表面就会有强烈摩擦。用润滑油可以将两个互相摩擦的表面隔开，从而有效减少摩擦。良好的润滑是保障汽车正常运行的重要因素。

任务一　润滑系统的作用和组成

发动机工作时，很多运动零件都是在很小的间隙下做高速相对运动的，如曲轴主轴颈与主轴承，曲柄销与连杆轴承，凸轮轴轴颈与凸轮轴轴承，活塞、活塞环与气缸壁面，配气机构各运动副及传动齿轮副等。尽管这些零件的工作表面都经过精细的加工，但放大来看，这些表面都是凹凸不平的，如图 4-1 所示。若不对这些表面进行润滑，它们之间将发生强烈的摩擦。零件表面之间的干摩擦不仅会增加发动机的功率消耗，加速零件工作表面的磨损，而且还可能产生热量将零件工作表面烧损，致使发动机无法运转。

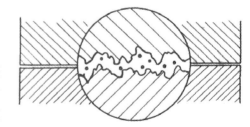

图 4-1　零件表面局部放大图

4.1 润滑系统的作用

润滑系统的主要作用是在发动机工作时，连续不断地把充足的洁净润滑油（或称为机油）输送到全部运动零件的摩擦表面，并在摩擦表面之间形成油膜，实现液体摩擦，从而减小摩擦阻力、降低功率消耗、减轻机件磨损，以达到提高发动机工作可靠性和耐久性的目的。

润滑系统中润滑油的作用如下。

（1）润滑。润滑油可使发动机内部运动零件表面之间的干摩擦变为液体摩擦，从而减少零件表面摩擦、磨损和摩擦功率损失。

（2）冷却。润滑油经过摩擦表面，带走摩擦副产生的6%～14%的热量，维持零件正常的工作温度。

（3）清洗。利用润滑油冲洗零件表面，带走零件的磨损磨屑和其他杂质。

（4）密封。润滑油因黏性附在相对运动的零件表面之间，增强间隙密封效果，如活塞环、活塞裙部表面与气缸壁之间的环形间隙内形成的油膜，可减少漏气和窜油。

（5）防锈。润滑油吸附在零件表面形成油膜，可避免零件与大气中的水、燃烧时产生的酸性气体接触，防止零件生锈。

（6）减振。相对运动的零件表面的油膜在其加速运动或载荷增加时，可吸收部分冲击能量，起到缓冲、减振的作用。

（7）控制。利用润滑油的油压进行功能切换控制，提高发动机的性能，如液力挺柱、可变式配气相位与气门升程的控制机构。

4.2 润滑系统的润滑方式

发动机按润滑油供应方式不同，其润滑方式可分为压力润滑、飞溅润滑和润滑脂润滑等。

发动机工作时，因为各运动零件的工作条件不同，所要求的润滑强度也不同，所以要相应地采取不同的润滑方式。

曲轴主轴承、连杆轴承及凸轮轴轴承等处的载荷和相对运动速度较大，需要将一定的压力油输送到摩擦表面上，才能形成油膜而润滑，这种润滑方式称为压力润滑。

而利用发动机工作时运动零件飞溅起来的油滴或油雾润滑摩擦表面的润滑方式，称为飞溅润滑。这种方式可润滑相对运动速度较小的零件及其表面，如活塞销、配气机构的凸轮表面、挺柱等。

在发动机辅助系统中的有些零件，如水泵及发电机的轴承，只需定期加注润滑脂即可保证零件的润滑，这种润滑方式称为润滑脂润滑。

一般汽车发动机中，既存在压力润滑，也存在飞溅润滑，同时存在一定的润滑脂润滑。如上海桑塔纳2000型汽车发动机，无论是AFE型还是最新的AJR型都与JV型一样，采用了压力与飞溅复合的润滑方式。

4.3 润滑系统的组成

润滑系统由油底壳、机油泵、机油滤清器、集滤器、机油冷却器等组成，如图4-2所示。

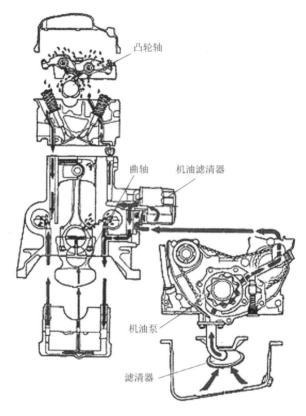

图 4-2 本田轿车发动机润滑系统

（1）机油泵。机油泵的作用是保证润滑油在润滑系统内循环流动，并在发动机任何转速下都能以足够高的压力向润滑部位输送充足的润滑油。

（2）机油滤清器。现代发动机的润滑系统中还必须有机油滤清器。因为发动机在工作过程中，会将发动机零件的金属磨屑、其他机械杂质、润滑油氧化物和润滑油本身生成的胶质等杂质混入润滑油。这些杂质若随同润滑油进入润滑油路，必将加速发动机零件的磨损，甚至可能堵塞油管或油道，使发动机无法进行润滑。

（3）机油冷却器。润滑油在循环过程中，会吸收零件摩擦所产生的热量，温度升高。如果润滑油温度过高，则其黏度下降，在摩擦表面不易形成油膜，此外还会加速润滑油老化变质，缩短润滑油的使用寿命。因此应对润滑油进行适当冷却，以保持油温在正常范围之内，即 70～90 ℃。一般发动机是采用汽车行驶中的迎面空气流吹拂油底壳的方式来冷却润滑油的。在热负荷较高的发动机上，还应设置机油冷却器，来加强润滑油的冷却。

（4）油底壳。它是存储润滑油的容器。

（5）集滤器。它是用金属丝编织的滤网，是润滑油的进口，用来滤除润滑油中粗大的杂质，防止其进入机油泵。

润滑系统还具有润滑油管和在发动机机体上加工出的一系列润滑油的循环油道；限制最高油压的装置，即限压阀，它既可以附于机油泵中，也可以单独设置；在滤清器堵塞时保证润滑油供应的装置，即旁通阀。这样才能使发动机在任何状态下运转时都能得到必要的润滑。

另外，发动机都设有指示润滑油压力的机油压力表及报警装置，如油压过低报警灯、蜂鸣器。这可让驾驶员随时掌握润滑系统的工作状况。有些发动机还装有润滑油温度表。

4.4 润滑系统的油路

现代汽车发动机的润滑系统油路大致相同。图 4-3 所示为桑塔纳轿车 JV 型 1.8 L 汽油发动机的润滑系统油路示意图。在此系统中，曲轴的主轴颈、曲柄销、凸轮轴轴颈及中间轴（分电器和机油泵的传动轴）轴颈均采用压力润滑，其余部分则采用飞溅润滑或润滑脂润滑。当发动机工作时，润滑油从油底壳 4 经集滤器 3 被机油泵 2 送入机油滤清器 7。如果油压太高，则润滑油经机油泵上的溢流阀 6 返回机油泵入口。全部润滑油经机油滤清器滤清之后进入发动机主油道 8。机油滤清器盖上设有旁通阀 1，当机油滤清器堵塞时，润滑油不经过机油滤清器滤清，而由旁通阀直接进入主油道。润滑油经主油道进入 5 条分油道 9，分别润滑 5 个主轴承。然后，润滑油经曲轴 10 上的斜油道，从主轴承流向连杆轴承，润滑曲柄销。主油道中的部分润滑油经第 6 条分油道进入中间轴 11 的后轴承。中间轴的前轴承由机油滤清器出油口的一条油道提供润滑油。主油道的另一条分油道直通凸轮轴轴承润滑油道，此油道也有 5 条分油道，分别向 5 个凸轮轴轴承供油。在凸轮轴轴承润滑油道的后端，也就是整个压力润滑油路的终端，装有最低油压报警开关。当发动机起动之后，润滑油压力较低，最低油压报警开关触点闭合，报警灯闪亮。当润滑油压力超过 31 kPa 时，最低油压报警开关触点断开，报警灯熄灭。另外，在机油滤清器上也装有油压报警开关。当发动机转速超过 2 150 r/min 时，润滑油压力若低于 180 kPa，则该开关触点闭合，报警灯闪亮，同时蜂鸣器也鸣响报警。活塞与气缸壁之间靠飞溅润滑。

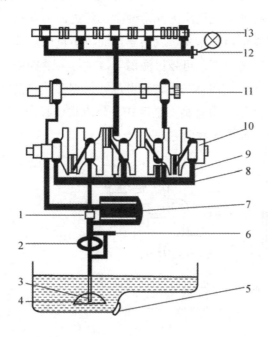

图 4-3　桑塔纳轿车 JV 型 1.8L 汽油发动机的润滑系统油路示意图

1—旁通阀；2—机油泵；3—集滤器；4—油底壳；5—放油塞；6—溢流阀；7—机油滤清器；
8—主油道；9—分油道；10—曲轴；11—中间轴；12—限压阀；13—凸轮轴

桑塔纳 2000 型轿车发动机的润滑系统油路循环如图 4-4 所示。

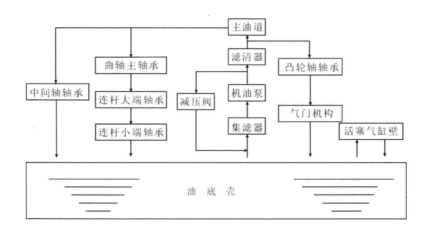

图 4-4　桑塔纳 2000 型轿车发动机的润滑系统油路循环

4.5　润滑油的滤清方式

四冲程发动机一般设有润滑油滤清装置，润滑油的滤清方式通常有三种：全流式、分流式、并用式。

润滑油的滤清方式示意图如图 4-5 所示。全流式滤清方式如图 4-5（a）所示，滤清器（细滤器）与主油道串联，从机油泵压送出的润滑油全部经过滤清器供给各个摩擦部位，润滑油可以较好地得到清洁。若滤清器被堵塞，就会出现润滑不良的后果，因此将滤清器并联一个旁通阀，在滤清器被堵塞的情况下，可越过滤清器，通过旁通阀向各摩擦部位供油。分流式滤清方式如图 4-5（b）所示，滤清器与主油道并联，仅将油路中的一部分润滑油滤清。并用式滤清方式如图 4-5（c）所示，也就是将全流式与分流式合起来使用。丰田、标致、桑塔纳和奥迪等汽车发动机采用了全流式滤清方式。

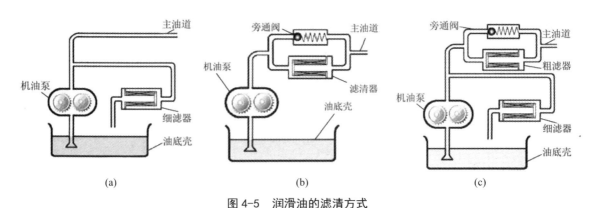

图 4-5　润滑油的滤清方式
(a) 全流式；(b) 分流式；(c) 并用式

任务二　润滑系统各构件的结构与检修

4.6　发动机的润滑剂

汽车发动机润滑系统所用的润滑剂有润滑油（机油）和润滑脂（黄油）两种。

1. 润滑油

润滑油由基础油和添加剂两部分组成。基础油是润滑油的主要成分，决定润滑油的基本性质；添加剂则可弥补和改善基础油性能方面的不足。

根据基础油的不同，目前市场上的润滑油可分为矿物润滑油和合成润滑油两种。

合成润滑油是利用化学合成方法制成的润滑剂。其主要特点是有良好的黏度-温度特性，可以满足大温差的使用要求；有优良的热氧化稳定性，可长期使用不需更换。使用合成润滑油，可使发动机的燃油经济性稍有改善，并可降低发动机的冷起动转速。目前，合成润滑油比从石油中提炼出来的润滑油贵。但是，随着生产规模的扩大和制造工艺的改进，合成润滑油将会越来越便宜。未来将是合成润滑油的时代。

2. 润滑脂

润滑脂是将稠化剂掺入液体润滑剂中所制成的一种稳定的固体或半固体产品，其中可以加入能改善润滑脂某种特性的添加剂。

润滑脂在常温下可附着于垂直表面而不流淌，并能在敞开或密封不良的摩擦部位工作，具有其他润滑剂所不能代替的特点。因此，汽车的许多部位都使用润滑脂润滑。

4.7　机油泵结构

机油泵的结构形式可分为齿轮式和转子式两类。齿轮式机油泵又分为内接齿轮式和外接齿轮式两种，一般所说的齿轮式机油泵指后者。

1. 齿轮式机油泵

齿轮式机油泵的工作原理如图4-6所示。在机油泵体6内装有一对外啮合齿轮2和5，齿轮的端面由机油泵盖封闭，泵体、泵盖和齿轮的各个齿槽组成工作腔。当齿轮按图示方向旋转时，进油腔1的容积由于轮齿逐渐脱离啮合而增大，腔内形成一定的真空，润滑油从油底壳经进油口被吸入进油腔，随后又被轮齿带到出油腔3。出油腔的容积由于轮齿逐渐啮合而减小，使润滑油压力升高，润滑油经出油口被压入发动机机体上的润滑油道。在发动机工作时，机油泵齿轮不停地旋转，润滑油便连续不断地流入润滑油道，经过滤清之后被送到各润滑部位。

当轮齿啮合时，封闭在轮齿径向间隙内的润滑油压力急剧升高，使齿轮受到很大的推力，并使机油泵轴衬套的磨损加剧。如能将径向间隙内的润滑油及时引出，油压自然降低。为此，特在泵盖上加工一道卸压槽4，使轮齿径向间隙内被挤压的润滑油流出油腔。

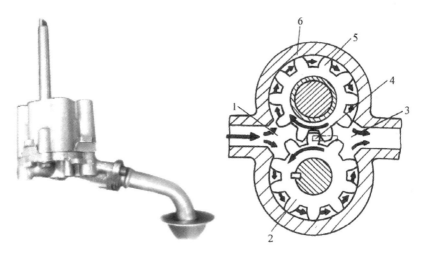

图 4-6 齿轮式机油泵的工作原理

1—进油腔；2—机油泵主动齿轮；3—出油腔；4—卸压槽；5—机油泵从动齿轮；6—机油泵体

齿轮式机油泵的典型结构如图 4-7 所示。进油口 A 经进油管与集滤器相连，出油口 B 与机体上的油道及机油滤清器相通，管接头 10 经油管与润滑油细滤器连接。

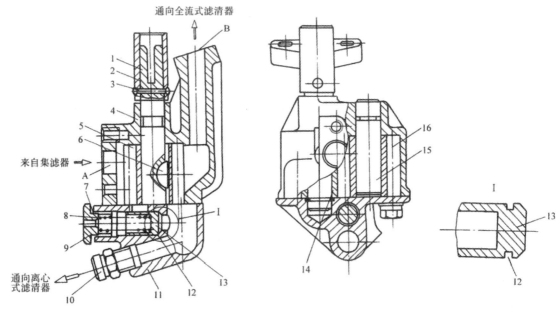

图 4-7 齿轮式机油泵结构（东风 EQ6100-1 型发动机）

1—主动齿轮轴；2—连轴套；3—铆钉；4—机油泵体；5—主动齿轮；6—半圆键；7—垫片；8—限压阀弹簧；
9—螺塞；10—管接头；11—机油泵盖；12—集垢槽；13—柱塞式限压阀；14—挡圈；
15—从动齿轮轴；16—从动齿轮；A—进油口；B—出油口

在机油泵体 4 上装有主动齿轮轴 1，主动齿轮轴上端通过连轴套 2 与机油泵传动轴连接，下端则用半圆键 6 与主动齿轮 5 装配在一起。从动齿轮 16 套在从动齿轮轴 15 上，从动齿轮轴压入泵体内。

机油泵的使用性能取决于齿轮与泵体的配合间隙。齿轮与泵体的径向间隙一般不超过

0.20 mm，齿轮端面间隙不超过 0.05～0.20 mm。间隙过大，润滑油压力降低，泵油量就会减少。

在机油泵体与机油泵盖之间有衬垫，既可以防止漏油，又可以用来调整齿轮的端面间隙。

齿轮式机油泵由曲轴或凸轮轴经中间传动机构驱动。汽油发动机的齿轮式机油泵的典型传动方式是机油泵与分电器由凸轮轴或中间轴上的曲线齿齿轮经同一个传动轴驱动，如图 4-8 所示。齿轮式机油泵的优点是效率高，功率损失小，工作可靠；缺点是需要中间传动机构，制造成本相应较高。国产桑塔纳、捷达和奥迪等轿车都采用齿轮式机油泵。

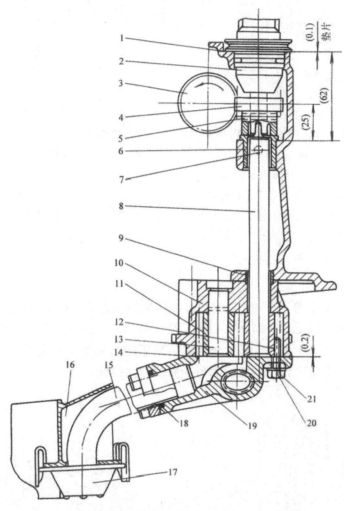

图 4-8　齿轮式机油泵的传动（上海桑塔纳轿车）

1—密封衬垫；2—分电器轴；3—中间轴曲线齿齿轮；4—分电器轴从动齿轮；5—定位销；6—机油泵主动轴衬套；7—定位销孔；8—机油泵主动轴；9—定位套；10—机油泵体；11—机油泵从动齿轮；12—机油泵主动齿轮；13—从动齿轮轴；14—衬垫；15—进油管；16—支架；17—集滤器；18—O 形密封圈；19—机油泵盖；20—螺栓；21—垫圈

2. 内接齿轮式机油泵

内接齿轮式机油泵也称内接齿轮泵，其工作原理与外接齿轮式机油泵相同。

内接齿轮式机油泵的结构如图 4-9 所示。其外齿轮是主动齿轮，套在曲轴前端，通过花键由曲轴直接驱动；内齿轮是从动齿轮，装在机油泵体内，泵体固定在机体前端。

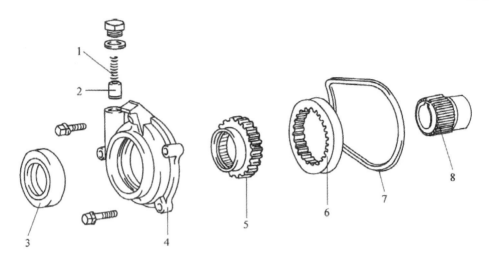

图 4-9　内接齿轮式机油泵（丰田汽车）

1—溢流阀弹簧；2—溢流阀柱塞；3—曲轴前油封；4—机油泵体；
5—主动外齿轮；6—从动内齿轮；7—O 形密封圈；8—花键套

因为内接齿轮式机油泵由曲轴直接驱动，无需中间传动机构，所以它的零件数量少，制造成本低，占用空间小，使用范围广。但是这种机油泵在内、外齿轮之间有一处无用的空间，使机油泵的泵油效率降低。另外，如果曲轴前端轴颈太粗，机油泵外形尺寸也会随之增大，发动机驱动机油泵的功率损失也相应地有所增加。

3. 转子式机油泵

转子式机油泵主要由内、外转子，机油泵体和机油泵盖等零件组成，如图 4-10 所示。内转子固定在机油泵传动轴上，外转子自由地安装在泵体内，并与内转子啮合转动。内、外转子之间有一定的偏心距。一般转子式机油泵的内转子的凸齿有 4 个或 4 个以上，外转子的凹齿比内转子的凸齿多 1 个。转子的外轮廓形状曲线为次摆线。

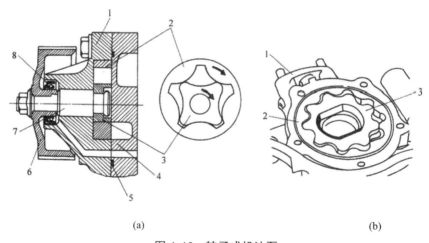

(a)　　　　　　　　　　　　　　　　(b)

图 4-10　转子式机油泵

(a) 克莱斯勒汽车；(b) 本田汽车

1—机油泵体；2—外转子；3—内转子；4—机油泵盖；5—密封圈；6—传动带轮；7—机油泵轴；8—油封

转子式机油泵的工作原理如图 4-11 所示。当机油泵工作时，主动轴带动内转子旋转，内转子则带动外转子朝同一方向转动。由于内、外转子工作面的轮廓是一对共轭曲线，因此可以保证两个转子相互啮合时既不干涉也不脱离。内、外转子间的接触点将外转子的内腔分成 4 个工作腔。当某一工作腔转过进油口时，工作腔容积增大，产生真空，润滑油经进油口被吸入工作腔内。当该工作腔转过出油口时，工作腔容积减小，油压升高，润滑油经出油口被压出。

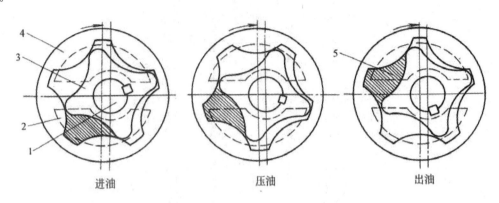

图 4-11 转子式机油泵的工作原理

1—机油泵传动轴；2—进油口；3—内转子；4—外转子；5—出油口

转子式机油泵的优点是结构紧凑，供油量大，供油均匀，噪声小，吸油真空度较高。因此，当机油泵安装在曲轴箱以外或安装位置较高时，采用转子式机油泵比较合适。其缺点是内、外转子啮合表面的滑动阻力比齿轮式机油泵的大，因此功率消耗较大。

4.8 机油滤清器的结构与检修

机油滤清器有全流式与分流式之分。全流式机油滤清器串联于机油泵和主油道之间，因此能滤清进入主油道的全部润滑油。分流式机油滤清器与主油道并联，仅过滤机油泵送出的部分润滑油。目前，在轿车上普遍采用全流式机油滤清器；在货车，特别是重型货车上普遍采用双机油滤清器，其中之一为分流式机油滤清器，作细滤器用，另一个全流式机油滤清器为粗滤器。粗滤器可滤除润滑油中直径 0.05 mm 以上的较大粒度的杂质，而细滤器则用来滤除润滑油直径 0.001 mm 以上的细小杂质。经过粗滤器的润滑油进入主油道，经过细滤器的润滑油直接返回油底壳。

1. 全流式机油滤清器

现代汽车发动机所采用的全流式机油滤清器的结构如图 4-12 所示。纸质滤芯 2 装在机油滤清器外壳 3 内。润滑油从进油口 A 经纸质滤芯的外围进入机油滤清器中心，然后经出油口 B 流进机体主油道。润滑油流过滤芯时，杂质被截留在滤芯上。

如果机油滤清器的使用时间达到了更换期，就把整个机油滤清器拆下，换上新的机油滤清器。如果机油滤清器在使用期内滤芯被杂质严重堵塞，则润滑油不能通过滤芯，机油滤清器进油口油压升高。当油压达到规定值时，机油滤清器中的旁通阀 12 开启，润滑油不通过滤芯，而经旁通阀直接进入机体主油道。虽然这时润滑油未经滤清便输送到各润滑表面，但是

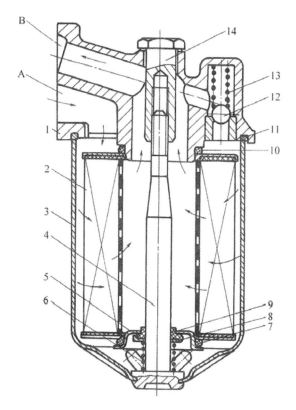

图 4-12　全流式机油滤清器

1—上盖；2—纸质滤芯；3—外壳；4—拉杆；5—托板；6—滤芯压紧弹簧；7,10—滤芯密封圈；8—压紧弹簧垫圈；9—拉杆密封圈；11—外壳密封圈；12—旁通阀；13—旁通阀弹簧；14—螺栓；A—进油口；B—出油口

这比发动机断油不能润滑要好得多。

有些发动机的机油滤清器除设置旁通阀之外，还加装单向阀。当发动机停机后，单向阀将机油滤清器的进油口关闭，防止润滑油从机油滤清器流回油底壳。在这种情况下，当重新起动发动机时，润滑系统能迅速建立起油压，从而可以减轻由于起动时供油不足而引起的零件磨损。

机油滤清器的滤芯有褶纸滤芯和纤维滤清材料滤芯等。褶纸滤芯由微孔滤纸制造。微孔滤纸经酚醛树脂处理后，具有较大的强度和较强的抗腐蚀性、抗水湿性。褶纸滤芯还有质量小、体积小、结构简单、滤清效果好、阻力小和成本低等优点，因此得到了广泛的应用。

2. 分流式机油滤清器

分流式机油滤清器有过滤式和离心式两种类型。过滤式机油滤清器存在着滤清能力与通过能力之间的矛盾，而离心式机油滤清器具有滤清能力高、通过能力大且不受沉淀物影响等优点。因此，车用发动机多以离心式机油滤清器作为分流式机油细滤器。

解放 CA6102 型发动机所采用的 FL100 型离心式机油滤清器的结构如图 4-13 所示。在底座 4 上装有进油限压阀 1 和转子轴 9，后者用转子轴止推片 2 锁止。转子体 15 套在转子轴上，在其上下镶嵌两个衬套，以限定转子体的径向位置。转子体可以绕转子轴自由转动，其下端装有两个径向对称、水平安装的喷嘴 3。转子体外罩有导流罩 8。紧固螺母 12 将转子罩 7 与

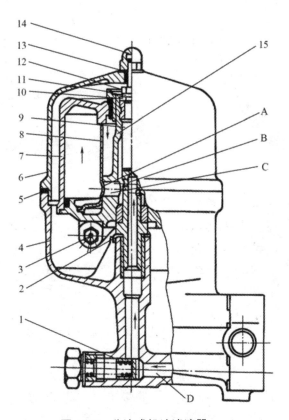

图 4-13 分流式机油滤清器

1—进油限压阀；2—转子轴止推片；3—喷嘴；4—底座；5—密封圈；6—外罩；7—转子罩；8—导流罩；9—转子轴；10—止推垫片；11，13—垫圈；12—紧固螺母；14—冕形螺母；15—转子体；A—导流罩油孔；B—转子轴油孔；C—转子体进油孔；D—滤清器进油孔

转子体紧固在一起，形成一个空腔。冕形螺母 14 将外罩 6 紧固在底座上。

发动机工作时，从机油泵来的润滑油进入进油孔 D，若油压低于 0.147 MPa，进油限压阀 1 不开启，润滑油全部进入主油道，保证发动机可靠润滑；若油压超过 0.147 MPa，进油限压阀开启，润滑油沿转子轴的中心油孔，经转子轴油孔 B、转子体进油孔 C 和导流罩油孔 A 流入转子罩的内腔，再经导流罩的引导从两个喷嘴向着完全相反的方向喷出，转子体在喷射反作用力的推动下高速旋转。当油压为 0.3 MPa 时，转子体的转速可高达 5 000～6 000 r/min。润滑油中的杂质在离心力的作用下被甩向转子罩的内壁，洁净的润滑油不断从喷嘴喷出，并经出油口流回油底壳。

3. 集滤器

集滤器一般为滤网式，装在机油泵之前。目前，汽车发动机所用的集滤器从结构上分为浮筒式和固定式两种。如图 4-14 所示，浮筒式集滤器由浮筒 3、滤网 2、浮筒罩 1 及吸油管 4 等构成。不论油底壳内的油面如何波动，空心的浮筒始终浮在润滑油表面上，以保证机油泵从含杂质较少的上层油面吸入润滑油。滤网有弹性，中央有环口，在一般情况下借助滤网的弹性，环口压紧在浮筒罩上。浮筒罩的边缘有缺口，在浮筒罩与浮筒装合后形成进油狭缝。

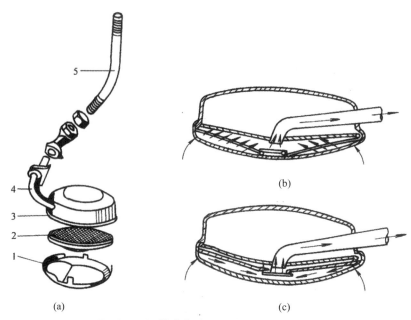

图 4-14 浮筒式集滤器的构造及工作情况

1—罩；2—滤网；3—浮子；4—油管；5—固定管

当机油泵工作时，润滑油从油底壳经进油狭缝、滤网、吸油管进入机油泵，如图 4-14（b）所示。润滑油流过滤网时，其中粗大的杂质被滤除。当滤网被杂质堵塞后，滤网上方的真空度增大，于是滤网上升，环口离开浮筒罩。这时，润滑油经进油狭缝和环口进入吸油管和机油泵，如图 4-14（c）所示，以保证润滑油的连续供给。

国产桑塔纳、捷达、奥迪 100 型等轿车及依维柯轻型车均采用深入油面以下的固定式集滤器。与浮筒式集滤器相比，固定式集滤器虽然吸入润滑油的清洁度稍差，但结构简单，并可防止油面上的泡沫被吸入润滑系，所以应用广泛。

4. 机油滤清器的检修

将机油滤清器总成从气缸体上拆卸下来，拧松放油螺塞，放尽机油滤清器中的润滑油。拆下中心螺杆，将滤清器盖、滤芯和滤清器壳分开，并从盖上拆下旁通阀。将各零件(除滤芯外)在清洗剂中清洗干净。

如果滤清器盖及壳体有损伤或变形，应进行修复或更换；如果旁通阀配合不良，则必须更换。同时应更换滤芯，滤芯的使用期限为一年或汽车行驶 12 000 km。

4.9 机油冷却器的结构与检修

在高性能、大功率的强化发动机上，由于热负荷大，必须装设机油冷却器。机油冷却器布置在润滑油路中，其工作原理与散热器相同。

发动机机油冷却器分为风冷式和水冷式两类。风冷式机油冷却器很像一个小型散热器，利用汽车行驶时的迎面风对润滑油进行冷却，如图 4-15 所示。风冷式机油冷却器散热能力大，多用在赛车及热负荷大的增压汽车发动机上。但是风冷式机油冷却器在发动机起动后，需要很长的暖机时间才能使润滑油达到正常的工作温度，所以普通轿车上很少采用。

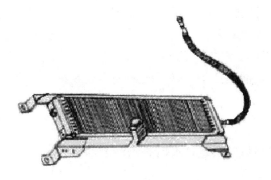

图 4-15 风冷式机油冷却器

水冷式机油冷却器外形尺寸小，布置方便，且不会使润滑油冷却过度，能使润滑油温度保持稳定，因而在轿车上应用较广。如图 4-16 所示为布置在机油滤清器上的水冷式机油冷却器。润滑油经机油滤清器滤清之后直接进入冷却器，在冷却器芯内流动，从散热器出水管引来的冷却液在冷却器芯外流过。两种流体在冷却器内进行热交换，使高温润滑油得以冷却降温。

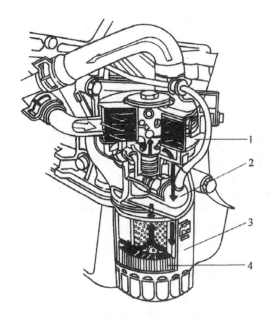

图 4-16 水冷式机油冷却器
1—机油冷却器；2—机油压力开关；3—机油滤清器；4—机油滤清器滤芯

任务三 润滑系统的维护与常见故障诊断

良好的润滑系统对保证发动机的正常工作起着重要的作用。润滑系统技术状况变差，将导致发动机构件摩擦加剧，甚至引起发动机拉缸、抱轴等严重故障，使发动机丧失工作能力。润滑系统技术状况变差的主要标志是主油道压力过低和润滑油变质。

油压过低会破坏发动机的润滑条件，造成润滑、冷却和清洗不良，引起零件的黏着磨损，甚至黏着咬死。造成油压过低的原因有机油泵零件磨损过大，润滑系统各密封面、阀门泄漏，调压阀调整不当或失效，曲轴轴承间隙过大，润滑油黏度过低和滤芯破裂等。机油压力过高虽不常见，但它同样会破坏正常的润滑条件。造成油压过高的原因有润滑油黏度过高，润滑油变质结胶，滤芯不清洁，油道堵塞，调压阀调整不当或不能开启等。

4.10 日常维护

坚持每日检查润滑油储量和质量，及时补给润滑油。

行车中注意观察指示油压。

按照规定周期适时地更换润滑油。更换润滑油时，应先在发动机热态下，放净旧油，再用专用的清洗设备清洗润滑油道，然后按原厂规定的容量和牌号加注新的润滑油。

一级维护时，应检查离心式机油滤清器的运转是否正常；清洗机油滤清器；更换机油滤清器滤芯。二级维护时，应拆下分流式机油滤清器壳体，清洗转子罩内壁的沉积物，并清洗转子，保持机油喷口畅通；装配后，转子转动应灵活，无渗漏现象；最后检查和调整离心式机油滤清器进油限压阀的开启压力，桑塔纳 2000 型轿车发动机、AEE 发动机的开启压力为 98～176 kPa，解放 CA6102 型发动机的开启压力为 137～196 kPa。

4.11 润滑油压力的检测

润滑油压力是发动机润滑系统技术状况的重要指示标志。在常用转速范围内，汽油发动机油压应为 196～392 kPa，柴油发动机油压应为 294～588 kPa。如果发动机油压在中等转速下低于 147 kPa，在怠速时低于 49 kPa，则发动机应停止运转。

润滑油压力值取决于润滑油的温度和黏度、机油泵的供油能力、限压阀的调整、机油通道和机油滤清器的阻力，以及曲轴主轴承、连杆轴承和凸轮轴轴承的间隙等。

润滑油压力值通常根据汽车仪表板上的机油压力表或油压信号指示灯而测得，虽然精度较低，但能满足检测要求。正常情况下，当打开点火开关时，机油压力表指针指示为"0"，如果汽车装有油压信号指示灯，则灯亮。发动机起动后，油压信号指示灯在数秒内熄灭，机油压力表则先指示某一较高数值，然后逐渐指示正常。当机油压力不符合要求时，可采用如下方法检测。

（1）拔下机油压力传感器的线束插头，拆下机油压力传感器。将机油压力表的软管接头拧入安装机油压力传感器的螺孔内，并拧紧接头。

（2）将机油压力表放置在不会接触到发动机旋转部件及高温部件的地方。

（3）起动发动机，检查机油压力表接头有无漏油，如有漏油，应熄火后重新拧紧接头。

（4）运转发动机使之达到正常的工作温度，分别在怠速和 2 000 r/min 时检查油压表的读数，并与标准压力值进行比较。

各种车型的发动机的机油压力标准都不完全相同，一般在怠速时应大于 0.05 MPa，在 2000 r/min 时，应大于 0.2 MPa。测完润滑油压力后，应拆下机油压力表，装上机油压力传感器，并按照规定扭矩拧紧，接上线束插头。起动发动机，确认机油压力传感器没有漏油。

4.12 润滑油压力过低故障诊断

1. 润滑油压力过低故障现象

（1）发动机怠速运转后，油压报警灯闪烁。

（2）发动机转速达到 2 150 r/min 以上后，油压报警灯闪烁，警报蜂鸣器同时鸣响报警。（以桑塔纳汽车为例）

2. 润滑油压力过低故障原因

（1）机油压力传感器效能不佳。

（2）机油压力表失准。

（3）润滑油池油面太低。

（4）汽油泵膜片破裂使汽油漏入油底壳或燃烧室未燃气体漏入油底壳，将润滑油稀释。

（5）柴油发动机喷油器滴漏或喷雾不良，使未燃柴油流入油底壳，将润滑油稀释。

（6）润滑油黏度降低。

（7）机油泵齿轮磨损、泵盖磨损或泵盖衬垫太厚造成供油能力太低。

（8）内、外管路有泄漏之处。

（9）机油限压阀调整不当、关闭不严或其弹簧折断。

（10）机油集滤器滤网堵塞。

（11）曲轴主轴承、连杆轴承或凸轮轴轴承磨损，轴承盖松动，减磨合金脱落或烧损。

3. 润滑油压力过低故障诊断方法

润滑油压力过低故障按如图 4-17 所示的流程进行诊断。其中，机油压力表和机油压力传感器均为双金属电热式。

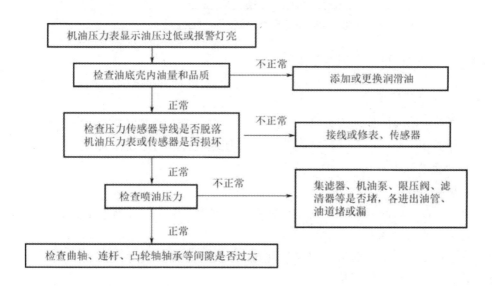

图 4-17 润滑油压力过低故障诊断流程图

4.13 润滑油压力过高故障诊断

1. 润滑油压力过高故障现象

发动机在正常温度和转速下，机油压力表读数高于规定值。

2. 润滑油压力过高故障原因

(1) 机油压力表或机油压力传感器失控。
(2) 油底壳油面太高。
(3) 润滑油变稠或新换润滑油黏度太大。
(4) 机油限压阀卡住或调整不当。
(5) 通往各摩擦表面的分油道内积垢阻塞或主轴承、连杆轴承、凸轮轴轴承等间隙太小。

3. 润滑油压力过高故障诊断方法

润滑油压力过高故障按如图4-18所示的流程进行诊断。其中，机油压力表和机油压力传感器均为双金属电热式。

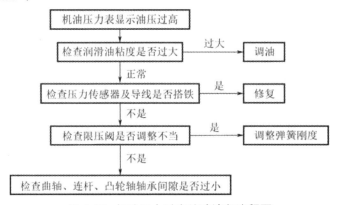

图4-18 机油压力过高故障诊断流程图

4.14 润滑油变质故障诊断

1. 润滑油变质故障现象

(1) 颜色发生明显变化，失去黏性。
(2) 含有水分，润滑油乳化，呈乳浊状并有泡沫。

2. 润滑油变质故障原因

(1) 活塞环漏气。
(2) 润滑油使用时间太长，持续在高温和氧化作用下工作而逐渐老化变质。
(3) 机油滤清器堵塞而失去滤清作用。
(4) 曲轴箱通风不良，润滑油中混杂废气中的燃油，促使润滑油变质。
(5) 发动机气缸体或气缸垫漏水。

3. 润滑油变质故障诊断方法

(1) 用机油尺取几滴润滑油滴在中性纸上，若发黑则说明润滑油变质。

(2) 用手捻搓，有滑腻感，说明润滑油内混有燃油。
(3) 若取出的润滑油为乳浊状且有泡沫，说明润滑油中进水。
(4) 润滑油过脏，更换润滑油及机油滤清器。

4.15 润滑油消耗异常故障诊断

1. 润滑油消耗异常故障现象

(1) 润滑油消耗量超过规定值。如捷达轿车大于 1.0 L/1000 km。
(2) 尾气冒蓝烟。
(3) 积炭增多。

2. 润滑油消耗异常故障原因

(1) 发动机各构件各处表面漏油。
(2) 活塞与气缸间隙大，泄漏量增加。
(3) 曲轴箱通风不良。

3. 润滑油消耗异常故障诊断方法

(1) 检查发动机各处表面是否有漏油现象。
(2) 检测气缸内的压力，判断是否已发生泄漏。

技能训练　机油泵的检修

机油泵的常见故障有机油泵主动轴弯曲，机油泵从动轴偏磨，齿轮磨损，机油泵盖内表面磨损及翘曲，机油泵壳体轴孔磨损或泵体有裂纹等。

检测机油泵主动轴的弯曲度时，将该轴支承在 V 形架或车床上，用百分表进行检测。如果弯曲度超过 0.03 mm，则应对其进行校正或更换。

检测机油泵的齿侧间隙，新装配时要求为 0.05 mm。如图 4-19 所示，测量时将机油泵盖子拆去，因为它的主、从动轴是悬臂装齿轮的，只要不拆卸齿轮和齿轮轴，就能用塞尺测量其主、从动齿轮的齿侧间隙。

检测机油泵的端面间隙，规定磨损极限值为 0.15 mm，如图 4-20 所示。端面磨损大，或端面平面有沟槽，会使吸油腔与泵油腔相通，降低出油压力及额定出油量，破坏机油泵特性。

有条件的单位应进行机油泵特性检测。

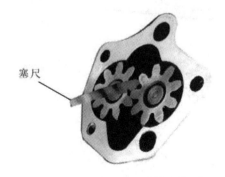

图 4-19　检测机油泵的齿侧间隙

图 4-20　检测机油泵的端面间隙

检查主动齿轮、从动齿轮及传动齿轮的齿面,如果有轻微的擦伤、毛刺,可用油石光磨;如果磨损较轻,则可将齿轮转面使用;如果磨损超过允许范围,则应更换新齿轮。

检测齿侧间隙时,应在互成120°夹角的三点进行测量。齿侧间隙超过0.1 mm时必须进行调整或更换。

检测齿轮端面与机油泵盖面之间、齿顶与泵壳之间的间隙,如图4-21所示,应在0.05~0.20 mm之间。否则应进行调整与修理,必要时更换新件。

图4-21 检测机油泵的齿轮和泵体间隙

检测机油泵主动轴与壳体及泵盖座孔的配合间隙,如果间隙超过0.12 mm,则采用加大尺寸修理法,将座孔铰大,再采用镶套法或加大尺寸修理法修理主动轴。

思考与练习

(1)简述汽车发动机润滑系统的作用及组成。
(2)润滑油路中,如果旁通阀出现故障,将引起什么后果?
(3)试分析发动机润滑油压力过高故障的原因,并简述其故障诊断的方法。
(4)如何判断发动机润滑油是否需要更换?
(5)如何使用检测仪来检测发动机的润滑油压力?
(6)简述齿轮式机油泵的拆装检修步骤及注意事项。

项目五 冷却系统的构造与检修

【学习目标】

知识目标：了解冷却系统的作用、组成和冷却方式；熟悉冷却系统的各构件名称及作用；掌握冷却系统的工作过程及常见故障分析。

技能目标：了解冷却系统的工作原理；掌握冷却系统各构件的检修工艺；能查阅发动机维修资料，按维修规范补充冷却液，排除常见故障。

【案例导入】

一辆经历过轻微追尾事故的轿车进店维修，客户反映该车近来水温警示灯闪烁，警报蜂鸣器同时鸣响报警，车头部有漏水现象，提速困难。

【学习引导】

对这辆车，我们应首先检查冷却液是否充足，再试车看看是否有客户反映的故障现象，然后进行全面的检查，并对发动机冷却系统进行诊断分析。

如何对发动机冷却系统进行故障诊断呢？本项目主要介绍发动机冷却系统的作用、组成，各构件的检修及整体故障的分析诊断方法。

冷却系统的作用是使受热零件吸收的部分热量及时散发出去，保证发动机在最适宜的温度状态下工作。发动机的冷却必须适度，如果冷却过度，将使传热损失增加，发动机燃油经济性变差，此外还会引起下述不良后果：燃油蒸发雾化不良，燃烧恶化；低温下润滑油黏度增大，使摩擦损失增大；温度过低还会使气缸的腐蚀磨损加剧。这些问题都将导致发动机输出的有效功率下降，经济性变差，使用寿命减少。现代发动机中，冷却系统带走的热量约等于发动机燃料实际放热量的四分之一到三分之一。

任务一 冷却系统的构造

5.1 冷却系统的作用、类型与冷却液

1. 冷却系统的作用

冷却系统的主要作用是使受热零件吸收的部分热量及时散发出去，保证发动机在最适宜的温度状态下工作。

2. 冷却系统的类型

冷却系统按照冷却介质的不同可以分为风冷和水冷两种。由于水冷冷却系统冷却均匀，效果好，而且发动机运转噪声小，所以目前汽车发动机广泛采用的是水冷冷却系统，如图 5-1

所示。它是利用冷却液吸收高温机件的热量,再将这些吸收了热量的冷却水送至散热器,通过散热器使热量散发到大气中。

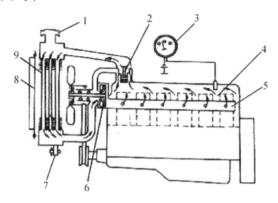

图 5-1　发动机水冷冷却系统

1—散热器盖；2—节温器；3—水温表；4—水套；5—分水管；6—水泵；7—放水开关；8—百叶窗；9—散热器

一些柴油发动机和大部分摩托车发动机采用风冷冷却系统,如图 5-2 所示。风冷冷却系统是使发动机中高温机件的热量直接散入大气的冷却装置。有些发动机的风冷冷却系统设有轴流式风扇、导流罩和分流板,以加强冷却效果,并使各缸冷却均匀。

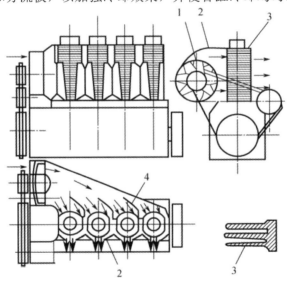

图 5-2　发动机风冷冷却系统

1—风扇；2—导流罩；3—散热片；4—分流板

3. 冷却液

1）普通冷却水

水冷式发动机应使用清洁软水（即含 Ca^{2+}、Mg^{2+} 少的水,如不受污染的雨水、雪水、自来水等）作冷却液,否则在水套中易产生水垢,使气缸体、气缸盖传热效果差,发动机容易产生过热。

若只有硬水,则需经过软化后,方可注入冷却系统中使用。硬水软化的常用方法是在 1 L 水中加入 0.5~1.5 g 碳酸钠（纯碱）或 0.5~0.8 g 氢氧化钠（烧碱）,或将硬水煮沸后,冷却再使用。

2）防冻液

由于水的冰点较高，在 0 ℃就要结冰，若冬季冷却水结冰，只要体积膨胀 9%，就可以使气缸体、散热器等破损。为防止在冬季室外停车时冷却水冻结，在最低气温下保持其流动性，冷却系统须加注防冻冷却液，简称防冻液。防冻液的配制方法是在冷却水（蒸馏水）中加入适量的可以降低冰点、提高沸点的乙二醇、甘油或酒精等防冻剂。根据防冻剂的不同，防冻液可以分为三种。

（1）酒精与水型防冻液。该防冻液中，酒精含量达 40%～50%（质量比）时，蒸发出来的气体就有着火的危险。防冻液最低冰点只能在−30 ℃左右。

（2）甘油与水型防冻液。甘油的沸点高，挥发损失较小，故不易发生火灾。但甘油降低冰点的效率很低，使用不经济。

（3）乙二醇与水型防冻液。乙二醇是一种无色略有甜味的黏性液体，沸点为 197 ℃。它能与水及有机溶剂以任何比例混合。乙二醇与水混合后，防冻液冰点可显著降低，最低可达−68 ℃。用不同比例的乙二醇与水可以配制不同冰点的防冻液。乙二醇与水型防冻液有毒性，使用中严禁用嘴吸吮。因乙二醇的沸点比水高得多，故防冻液在使用中蒸发的主要是水，其体积减少时，添加适量的蒸馏水即可继续使用。乙二醇与水型防冻液的冰点与乙二醇浓度的关系如表 5-1 所示。

表 5-1　乙二醇与水型防冻液的冰点与乙二醇浓度的关系

乙二醇浓度（体积）/（%）	防冻液密度/（g/cm³）	乙二醇与水型防冻液冰点/℃
26.4	1.0240	−10
36.4	1.0506	−20
45.6	1.0627	−30
52.6	1.0713	−40
58.0	1.0780	−50
63.1	1.0833	−60

目前，很多轿车发动机均采用了强制冷却液循环、高压封闭式冷却系统。此时冷却系统中的冷却介质不再是单纯的水，而是由蒸馏水和冷却液添加剂组成的冷却液。冷却液具有优良的防腐性、抗氧化性和防冻性，还具有防止结垢、沸点较高等优点。

5.2　水冷冷却系统的组成和工作过程

1.水冷冷却系统的组成

水冷冷却系统大都是由散热器、水泵、风扇、冷却水套和温度调节装置（节温器、硅油风扇离合器）等组成，如图 5-3 所示。

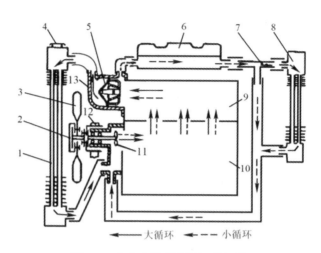

图 5-3 水冷冷却系统的组成与循环

1—散热器；2—硅油风扇离合器；3—风扇；4—散热器盖；5—节温器；6—进气管；7—热水阀；
8—暖风热交换器；9—气缸盖；10—气缸体；11—水泵；12—风扇皮带；13—发动机出水管

2. 水冷冷却系统的工作过程

目前汽车发动机所采用的水冷冷却系统大都是强制循环式水冷冷却系统，利用水泵强制冷却液在冷却系统中进行循环流动。散热器内的冷却液加压后，通过气缸体进水孔被压送到气缸体水套和气缸盖水套内，冷却液在吸收了机体的大量热量后，经气缸盖出水孔流回散热器。由于有风扇的强力抽吸，空气流由前向后高速通过散热器。因此，受热后的冷却液在流过散热器芯的过程中，热量不断地散发到大气中去，冷却后的冷却液流到散热器的底部，又被水泵抽出，再次压送到发动机的水套中。如此不断循环，把热量不断地送到大气中去，使发动机不断地得到冷却。

冷却液在冷却系统内的循环流动路线有两条，一条为大循环，另一条为小循环，如图5-3所示。大循环是温度高时，冷却液经过散热器而进行的循环流动；而小循环就是温度低时，冷却液不经过散热器而进行的循环流动，从而使冷却液温度升高。

任务二　冷却系统各构件的结构与检修

5.3　散热器的结构与检修

1. 散热器的结构

（1）作用。散热器的主要作用是增大散热面积，加速冷却液的冷却。冷却液经过散热器后，其温度可降低 10～15 ℃。为了将散热器传出的热量尽快带走，在散热器后面装有风扇与散热器配合工作。

（2）安装位置。散热器大多安装在发动机及风扇的前方。

（3）结构。散热器又称为水箱，由上进水室、出水室和散热器芯等组成，如图 5-4 所示，有些还配有补偿水桶。

项目五 冷却系统的构造与检修

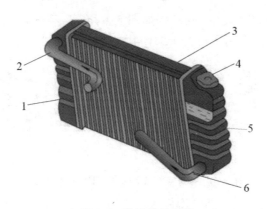

图 5-4 散热器的结构

1—进水室；2—散热器进水管；3—散热器芯；4—散热器盖；5—出水室；6—散热器出水管

散热器出水室顶部有加水口，平时用散热器盖盖住，冷却液即由此注入整个冷却系统。上、下贮水室分别装有进水管和出水管，分别用橡胶软管和气缸盖的出水管和水泵的进水管相连。由发动机气缸盖上出水管流出的温度较高的冷却液经过进水软管进入进水室，经冷却管得到冷却后流入出水室，由出水管流出，被吸入水泵。

散热器芯由许多冷却液管和散热片组成，散热器芯应该有尽可能大的散热面积，采用散热片是为了增加散热器芯的散热面积。散热器芯的结构形式多样，常用的有管片式和管带式两种，如图 5-5 所示。

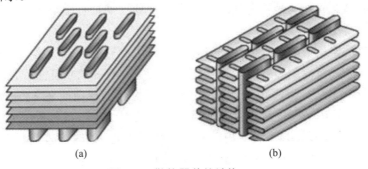

图 5-5 散热器芯的结构

（a）管片式散热器芯；（b）管带式散热器芯

管片式散热器芯冷却管的横截面大多为扁圆形，它连通上、下贮水室，是冷却液的通道。和横截面为圆形的冷却管相比，它的散热面积更大。而且万一管内的冷却液结冰膨胀，横截面为扁圆形的冷却管可以借其横截面变形而避免破裂。采用散热片不但可以增加散热器的散热面积，而且可以增大散热器的刚度和强度。管片式散热器芯强度和刚度较大，耐高压，但制造工艺较复杂，成本高。

管带式散热器芯采用冷却管和散热带沿纵向间隔排列的方式提高散热能力。散热带上的小孔是为了破坏空气流在散热带上形成的附面层。使管带式散热器芯散热能力强，制造工艺简单，成本低，但结构刚度不如管片式的大，一般多为轿车发动机所用，近年来在一些中型汽车上也有应用。

另外，根据冷却液在散热器里面的流动方向，散热器芯又可分为横流式和纵流式两种。

散热器盖上有蒸汽阀和空气阀，其结构如图 5-6 所示。蒸汽阀在弹簧作用下紧压加水口，密封散热器。空气阀在弹簧作用下也处于关闭状态。

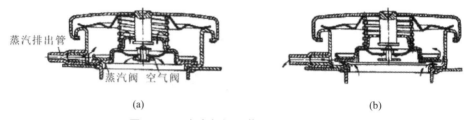

图 5-6　具有空气阀和蒸汽阀的散热器盖

(a) 空气阀开启；(b) 蒸汽阀开启

当散热器内温度升高，产生蒸汽，使压力升高到一定值（一般为 0.026～0.037 MPa，某些轿车达到 0.1 MPa）时，蒸汽阀打开，水蒸气从通气管排出。当散热器内因冷却液温度下降而产生一定的真空度（一般为 0.01～0.02 MPa）时，空气阀被吸开，空气从通气管进入散热器内，以保持散热器内外压力平衡。

补偿水桶通过橡胶管与散热器通气管相连。当冷却液受热膨胀时，多余的冷却液通过橡胶管进入补偿水桶；而当温度降低，散热器内产生真空时，补偿水桶内的冷却液及时返回散热器。

2. 散热器的检修

（1）检查散热器的外观是否有变形或破裂的现象。如果有微小变形，可以修正过来；如果有破裂现象，要及时予以修理。

（2）检查散热器是否漏水。散热器是否漏水可用检测装置来检测：首先将散热器内注满水，盖严散热器盖，将检测装置的胶管接向放水开关；打开放水开关，捏动橡皮球，使散热器中的水加压，在散热器泄气管喷出空气的同时，压力表的读数应在 27～37 kPa 范围内变动；关闭放水开关，将检测装置的胶管接向泄气管，加压至 50 kPa，如果压力表的读数不能稳定地保持在此值附近，而是不断下降，说明散热器有漏水处。这时应查明漏水部位并进行修复。

散热器漏水处通常用锡焊修补。如果漏水处在上、下水室，可用薄铜皮盖补在漏水处焊复；如果漏水处在散热器芯外侧的水管，可用尖烙铁焊修或薄铜皮包焊；如果是散热器内部水管破裂，常采用乙炔气焊的方法修复。

5.4　冷却风扇的结构与检修

1. 冷却风扇的结构

1）冷却风扇的组成

冷却风扇置于散热器后面。当发动机在车架上纵向布置时，风扇一般安装在水泵轴上，并由驱动水泵和发电机的同一根 V 形带传动。风扇的作用是吸进空气使其通过散热器，以增强散热器的散热能力，加快冷却液的冷却速度。汽车发动机水冷系统多采用低压头、大风量、高效率的轴流式风扇，即风扇旋转时，空气沿着风扇旋转轴的轴线方向流动。

风扇的扇风量主要与风扇直径、转速、叶片形状、叶片安装角及叶片数有关。叶片的横截面形状有圆弧形和翼形两种，如图 5-7 所示，前者由薄钢板冲压而成，后者用塑料或铝合金制成。翼形风扇效率高、消耗功率少，在轿车和轻型汽车上得到了广泛的应用。一般叶片与风扇旋转平面成30°～45°角（叶片安装角）。叶片多为4，5，6或7片。叶片之间的间隔角可以相等，也可以不相等。间隔角不等的叶片可以减小叶片旋转时的振动和噪声。

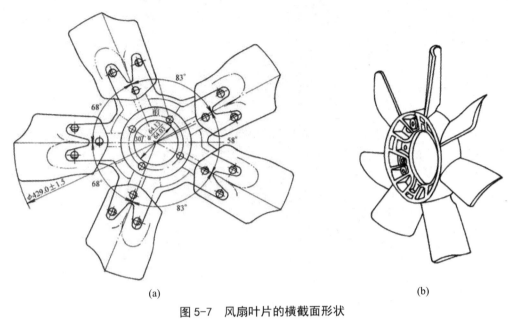

图 5-7　风扇叶片的横截面形状

(a) 翼形；(b) 圆弧形

2）硅油风扇离合器

汽车在行驶过程中，由于环境条件和运行工况的变化，发动机的热状况也在改变。因此，必须随时调节发动机的冷却强度。例如，在炎热的夏季，发动机在低速、大负荷下工作，冷却液的温度很高时，风扇应该高速旋转以增加冷却风量，增强散热器的散热能力；而在寒冷的冬天，冷却液的温度较低时，或在汽车高速行驶有强劲的迎面风吹过散热器时，风扇继续工作就变得毫无意义了，不仅白白消耗发动机功率，而且还产生很大的噪声。试验证明，水冷系统在夏季只有25%的时间需要风扇工作，而在冬季需要风扇工作的时间更短。因此，根据发动机的热状况随时对其冷却强度加以调节就显得十分必要了。在风扇带轮与冷却风扇之间装置硅油风扇离合器，是实现这种调节的方法之一。

图5-8所示为硅油风扇离合器的结构，驱动轴12由发动机带动，在轴的左端装有主动板9，它随驱动轴一起旋转。从动板2固定在离合器壳体8上，从动板与离合器壳体之间的空间为工作腔。前盖7与从动板之间的空间为贮油腔，在贮油腔内装有高黏度的硅油。从动板上的进油孔A在常温时被控制阀片3所关闭，贮油腔的硅油此时不能流入工作腔内。工作腔内没有硅油，主动板上的转矩不能传到从动板上，离合器处于分离状态。驱动轴旋转时，装有风扇叶片的离合器壳体在驱动轴的轴承11上打滑，在密封毛毡圈10和轴承摩擦力作用下，以很低的转速旋转。在前盖7上，装有螺旋形的双金属片感温器5，其一端固定在前盖上，另一端嵌在阀片传动销4中。当发动机负荷增大，冷却液温度升高时，通过散热器芯的气流温度也随之升高。高温气流吹在双金属片感温器上，使双金属片受热变形，带动阀片传动销和控制阀片偏转一个角度。气流温度超过65℃后，从动板上的进油孔被打开，贮油腔中的

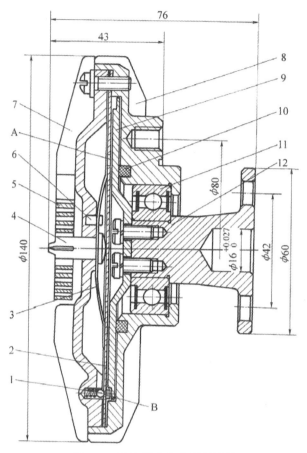

图 5-8 硅油风扇离合器的结构

1—单向阀；2—从动板；3—控制阀片；4—阀片传动销；5—双金属片感温器；6—阀片限位销钉；7—前盖；8—离合器壳体；9—主动板；10—密封毛毡圈；11—轴承；12—驱动轴；A—从动板上的进油孔；B—从动板上的泄油孔

硅油通过此孔进入工作腔中。黏性的硅油流进主动板与从动板及主动板与离合器壳体之间的间隙中，将主动板上的转矩传给离合器壳体，带动风扇高速旋转，离合器此时处于接合状态。进入工作腔的硅油在离心力的作用下甩向外缘，顶开单向阀 1 并通过从动板上的回油孔 B 流回贮油腔，然后再进入工作腔。如此反复，形成循环。硅油在循环时将热量传给铸有散热片的前盖和离合器外壳而得到冷却，以避免工作时硅油温度过高。

当发动机因负荷下降等原因，使吹向双金属片感温器的气流温度低于 35℃时，控制阀片将进油孔关闭，硅油不再进入工作腔，而原来在工作腔中的硅油仍不断地在离心力作用下返回贮油腔，直至排空为止。离合器此时又处于分离状态，风扇空转打滑。

单向阀可防止硅油在发动机不工作时从贮油腔流入工作腔中。

装上这种离合器，不但可使发动机经常在适宜的温度下工作，而且还可以减小驱动风扇所需的功率，降低风扇噪声。

3）电动风扇

很多轿车发动机的水冷系统采用电动风扇，尤其横置发动机前轮驱动的汽车更是如此。电动风扇由风扇电动机驱动并由蓄电池供电，所以风扇转速与发动机转速无关。

丰田凯美瑞、奥迪100、捷达和本田雅阁等轿车均采用电动风扇，如图5-9所示，且风扇转速均为两挡。风扇转速由温控热敏电阻开关控制。当冷却液流出散热器的温度为92～98 ℃时，热敏开关接通风扇电动机的1挡，风扇转速为2 300 r/min；当冷却液温度升高到99～105 ℃时，热敏开关接通风扇电动机的2挡，这时风扇转速为2 800 r/min；若冷却液温度降到92～98 ℃时，风扇电动机恢复1挡转速；当冷却液温度降到84～91 ℃时，热敏开关切断电源，风扇停转。

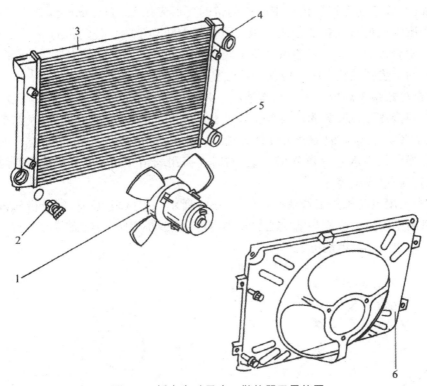

图5-9 轿车电动风扇、散热器及导热罩

1—电动风扇；2—温控热敏电阻开关；3—散热器；4—散热器进水口；5—散热器出水口；6—导风

在有些电控系统中，电动风扇由电脑控制。冷却液温度传感器向电脑传输与冷却液温度相关的信号。当冷却液温度达到规定值时，电脑使风扇继电器接地，继电器触点闭合并向风扇电动机供电，风扇开始工作。

电动风扇的优点是结构简单，布置方便，不消耗发动机功率，使燃油经济性得到改善。此外，采用电动风扇不需要检查、调整或更换风扇传动带，因而减少了维修保养工作量。

2. 冷却风扇的检修

拆卸风扇后，检查风扇叶片表面，若有裂纹或折断，应及时更换；检查连接风扇叶片的铆钉，若有松动，应重铆；可用样板来检查风扇叶片与旋转平面的倾斜角度，每片倾斜角度应相等，为30°～45°，若不符合规定，会影响扇风量，而且叶片会摇摆晃动，应用手扳正或用锤子敲正。

对装有风扇离合器的风扇，应检查风扇离合器的松旷和损伤情况，以及有无硅油的渗漏。逐一检查分解后的零件，如有裂纹、破损或严重磨损，应及时更换。

除了检修风扇的外观、叶片的变形外，还要检查风扇传动带的松紧度，检查冷却系统温控开关、风扇电动机（对于电动风扇）的工作情况等。

（1）检查风扇传动带的松紧度。发动机工作一段时间后，风扇传动带会因伸长而松弛，从而产生滑磨，使水泵、风扇和发电机的转速下降，影响发动机散热，增加传动带的磨损。但传动带也不能过紧，以防增加轴承和传动带的磨损。因此，应定期检查和调整传动带的松紧度。调整时，移动发电机的定位螺钉，以改变传动带的松紧度。如图5-10所示，按箭头方向用拇指施加约98 N的力按压传动带，传动带的变形应在10～15 mm之间，表明传动带松紧度合适。否则，应使传动带变松或变紧。更换新的传动带时，传动带的变形应调整在8～10 mm之间。检查传动带是否有油污、断裂现象，若不合格应更换。安装传动带时，应注意安装方向，传动带装到带轮上时，应保证接触良好。

（2）检查冷却系统温控开关的工作情况。将温控开关放入水中，使用万用表的欧姆挡，将两个接头分别接在温控开关的接线端和外壳上，改变水的温度，观察万用表的指针变化。当水温达到92 ℃左右时，温控开关开始导通，万用表指针指示导通；当水温开始下降时，温控开关仍然导通；当水温度降至87 ℃左右时，万用表指针指示断开。这表明温控开关工作正常。否则，应更换温控开关。

（3）检查风扇电动机的工作情况。如图5-11所示，把风扇电动机的正极与蓄电池的正极相连，把风扇电动机的负极与蓄电池的负极相连。如果风扇电动机旋转，表明电动机工作正常。否则，应更换风扇电动机。

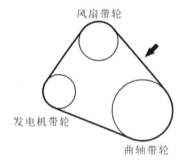

图5-10 检查传动带的张力

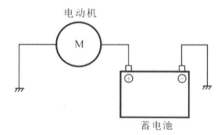

图5-11 检查风扇电动机

5.5 节温器的结构与检修

1. 节温器的作用

节温器是控制冷却液流动路径的阀门。它根据冷却液温度的高低，打开或关闭冷却液通向散热器的通道。当起动冷态的发动机时，节温器关闭冷却液流向散热器的通道，这时冷却液经水泵入口直接流回机体及气缸盖水套，迅速升温。如果不装节温器，那么，温度较低的冷却液经过散热器冷却后返回发动机，其温度将长时间不能升高，发动机也将长时间在低温下运转。同时，车厢内的暖风系统以及用冷却液加热的进气管、化油器、预热系统，都在长时间内不能发挥作用。

2. 节温器的结构及其工作原理

如图 5-12 所示，蜡式节温器在胶管和感应体之间的空间里装有石蜡，为提高导热性，石蜡中常掺有铜粉或铝粉。当冷却液温度低于规定值时，节温器感温体内的石蜡呈固态，节温器主阀门在弹簧的作用下关闭冷却液流向散热器的通道，副阀门打开小循环通道，冷却液经旁通孔、水泵返回发动机，进行小循环。当冷却液温度达到规定值后，石蜡开始熔化而逐渐变成液体，体积随之增大并压迫胶管使其收缩。胶管在收缩的同时，对推杆作用以向上的推力，由于推杆上端固定，因此，推杆对胶管和感温体产生向下的反推力，使主阀门开启。这时，副阀门关闭小循环通路，冷却液经节温器主阀门进入散热器，并经水泵流回发动机，进行大循环。

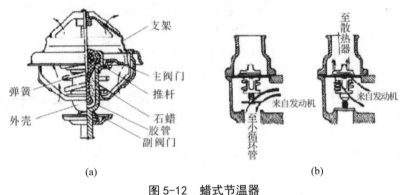

图 5-12 蜡式节温器

(a) 蜡式节温器结构（主阀门打开时）；(b) 蜡式节温器工作原理

3. 节温器的布置

一般水冷系统的冷却液都是从机体流进，从气缸盖流出。大多数节温器布置在气缸盖出水管路中。这种布置方式的优点是结构简单，容易排除水冷系统中的气泡；缺点是节温器在工作时会产生振荡现象。例如，在冬季起动冷发动机时，由于冷却液温度低，节温器阀门关闭。冷却液在进行小循环时，温度很快升高，节温器阀门开启。与此同时，散热器内的低温冷却液流入机体，使冷却液又冷了下来，节温器阀门重新关闭。等到冷却液温度再升高，节温器阀门又再次打开。直到全部冷却液的温度稳定之后，节温器阀门才趋于稳定，不再反复开闭。节温器阀门在短时间内反复开闭的现象，称为节温器振荡。这种现象将增加汽车的燃油消耗量。

节温器也可以布置在散热器的出水管路中。这种布置方式可以减轻或消除节温器振荡现象，并能精确地控制冷却液温度，但其结构复杂，成本较高，多用于高性能的汽车及在冬季经常高速行驶的汽车。奥迪 100 型轿车发动机的节温器即布置在散热器的出水管路中。

4. 节温器的检修

若节温器失灵时，主阀门处于关闭状态，则冷却液不经散热器，致使发动机冷却系统很快出现过热现象，会导致"开锅"现象的发生；反之，若节温器失灵时，主、副阀门同处于开启状态，则冷却液不能进行小循环。检查时，将节温器浸入水中，并逐渐提高水温，检查阀门的开启温度和升程。如图 5-13 所示为蜡式节温器的检查方法。低温型节温器在温度为 80~84 ℃时，阀门开始开启，在温度达到 95 ℃时阀门的升程应大于 8 mm；高温型节温器在温度为 86~90 ℃时，阀门开始开启，在温度达到 100 ℃时阀门的升程应大于 8 mm。当阀门的升程

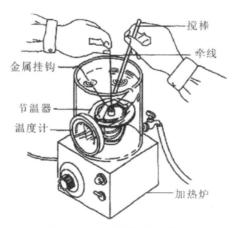

图 5-13 蜡式节温器的检查

衰减到 8 mm 以下时,阀门就不能继续使用,应更换。

另外,节温器膨胀破裂或者受到腐蚀,一般都要更换新的。如果没有新的可更换,应对节温器进行修理。

5.6　水泵的结构与检修

1. 水泵的结构及其工作原理

水泵的作用是对冷却液加压,保证其在冷却系统中循环流动。汽车发动机广泛采用离心式水泵。如图 5-14 所示,离心式水泵由水泵壳体 1、水泵轴 2、叶轮 3 及进、出水管 4、5 等组成。水泵壳体由铸铁或铸铝制成。叶轮由铸铁或塑料制造,叶轮上通常有 6~8 个径向直叶片或后弯叶片,如图 5-14 所示。进、出水管与水泵壳体铸成一体。离心式水泵的工作原理如图 5-15 所示。当水泵叶轮按图示方向旋转时,水泵中的冷却液被叶轮带动一起旋转,并在离心力的作用下被甩向水泵壳体的边缘,同时产生一定的压力,然后从出水管流出。由于冷却液被甩出,叶轮的中心处压力下降。散热器中的冷却液在水泵进口与叶轮中心的压差作用下,经进水管流入叶轮中心。

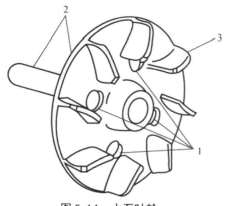

图 5-14　水泵叶轮

1—减压孔;2—叶轮及叶轮轴;3—叶片

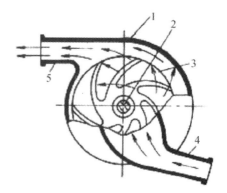

图 5-15　离心式水泵的结构及其工作原理

1—水泵壳体;2—水泵轴;3—叶轮;
4—进水管;5—出水管

2. 水泵的检修

发动机水泵常见的损坏形式为水泵壳体、卡簧槽及叶轮破裂，带轮凸缘配合孔松动，水封变形、老化及损坏，泵轴磨损，轴承磨损、松旷等。

如果水泵壳体、卡簧槽裂纹较轻，则可根据情况进行焊补或用环氧树脂胶粘接，严重时应更换。工程塑料叶轮若有破损，必须更换。

带轮凸缘配合孔若松旷，则应镶套或喷钢后重新加工，必要时更换新件。水封出现异常后一般应更换新件。

轴承磨损超差应更换；泵轴磨损可采用镀铬、喷涂的方法修复，必要时更换新轴。

任务三 发动机冷却系统的维护与常见故障的诊断

5.7 冷却系统常见故障概述

冷却系统的作用就是强制地使发动机零件所吸收到的热量及时散去，以保证其温度在适当范围内，从而保证发动机的正常运转。

发动机温度过高，会使被吸入的可燃混合气因受热膨胀而密度下降，减少充气量，破坏发动机的动力性和经济性。各构件会因过热膨胀而破坏原来正确的配合间隙，导致摩擦阻力的增加，零件的磨损加剧、强度降低，严重时还会引起烧蚀甚至卡滞，使发动机停止运转。发动机过热还会使润滑油变稀、黏度降低和变质，油膜不能保持，加速零件的磨损。另外，发动机过热也会引起爆燃现象。

发动机温度过低，会使燃料因不易蒸发而雾化不良。润滑油则因温度过低而变稠，黏度增大，使构件的运动阻力增加，破坏发动机的动力性和经济性，使气缸磨损加剧。

冷却系统常见的故障有发动机温度过高甚至开锅、发动机温度过低和冷却系统泄漏三种。

5.8 发动机温度过高甚至开锅故障的维修

对于发动机过热的故障，尤其是由于污垢过多引起的过热故障，可以采用冷却系统清洗剂配合专用设备进行维修。

1）清洗剂种类的选择

选择清洗剂时，有以下三项原则以供参考。

（1）对于大部分沉淀和腐蚀，用略带酸性的清洗剂效果较好。

（2）如果凝胶不硬，可以用碱性或无腐蚀性清洗剂清洗。（酸性更好，不过碱性清洗剂即可达到效果）

（3）对于冷却系统的油性杂质，用酸性清洗剂较好。

汽车冷却系统中的污垢主要是沉淀、油性杂质及锈垢，综合考虑上述三个原则，使用酸性清洗剂才能全面满足要求。

2）维修方法

将专用设备与汽车连接好后，将清洗剂加入到发动机冷却系统中，确保在达到正常工作温度的情况下工作大约 30 min，然后利用专用设备彻底更换旧冷却液。

5.9　发动机温度过低故障的维修

1）故障分析

发动机在冷却液温度低于 65 ℃的情况下运行叫做冷运转。发动机未曾充分运转使水温达到一定程度就开始工作，或者当节温器开启温度过低时，冷却液过早进入大循环，都会引起过冷运转。当气缸壁温度从 80 ℃降至 50 ℃时，气缸套的磨损增加约 5 倍；而在气缸壁温度达到 80～85 ℃时，磨损量明显降低。冷却液温度过低，柴油在燃烧室温升较慢，滞燃期长，燃烧过程恶化，发动机运转不良。

2）故障维修

冷运转的主要原因是节温器失效，检查方法如下。

（1）检查冷却液的升温速度。观察仪表板上的水温表，如果温度升得很慢，则说明节温器工作不正常。

（2）把数字式温度计的传感器插入水箱，测量上水室冷却液的温度，并与水温表读数（发运机水套温度）比较。冷却液温度升到 68～72 ℃以前，发动机起动不久，温度计和水温表的读数一同升高，表明节温器不良。

（3）将节温器拆下后放在热水中，检查节温器阀门开始开启和完全开启的温度是否符合修理手册的规定。

节温器失效后应及时更换，否则会缩短发动机的使用寿命。

5.10　冷却系统泄漏故障的排除

1）故障分析

水箱渗漏的形状主要有两种，一种是颗粒状，一种是条状。上下水管渗漏的原因除水管损坏外，主要是水管龟裂老化；气缸垫渗漏则主要是各种原因引起的串水，水进入油路等。

2）故障维修

目前中国市场中有两大类防止水箱渗漏的产品，一类是堵漏剂，一类是止漏剂。堵漏剂是一种类似于填充剂性质的化学物质，能够将渗漏部位全部堵住；而止漏剂则是一些植物纤维，可利用液体表面张力将渗漏处堵住，然后在固化剂的作用下将之固定在渗漏位置，保证以后不再渗漏。若水箱渗漏，可以直接加入水箱止漏剂，切忌加入堵漏剂。

技能训练　　更换冷却液

现代汽车发动机的冷却液除了冷却功能外，还必须解决穴蚀、化学腐蚀、电化学腐蚀和水垢等四大问题。冷却液是水与防冻剂的混合物。由于水的来源不同，其成分和清洁度也不同。

一般情况下汽车应每两年更换一次冷却液，更换步骤及注意事项如下。

1）放出冷却液

将贮液盖打开（注意此时散热器盖应密封严密），旋开气缸体和散热器放液开关，且应在发动机低速热状态下进行。

2）加入新的冷却液

（1）待冷却液放尽后，旋紧气缸体和散热器放液开关。

（2）从散热器加液口加注规定的冷却液，直到贮液罐中的冷却液液面高度达到规定。

（3）此时，盖好散热器盖，让发动机运转到正常工作温度后，停机熄火，冷却到室温。

（4）再观察贮液罐液面高度，视情况添加冷却液，直到发动机怠速运转时贮液罐内没有空气出现为止。

在加注冷却液时，要注意以下几个方面。

（1）不要不管不问。有些发动机加注长效冷却液，在工作一段时间后，应打开水箱盖进行检查，当水箱出现水污、水锈和沉淀物时，应及时更换冷却液。

（2）水箱"开锅"时不要贸然开盖。因为"开锅"时，水箱内温度很高（至少100 ℃），压力大，突然打开水箱盖，高温的水及水蒸气便会向外急速喷出，易烫伤加水者。出现"开锅"时，一般应怠速运转，等发动机温度降下来后再开盖加注冷却液。如时间紧迫，可先用湿布盖住水箱盖，再用湿毛巾包住手，然后慢慢将水箱盖打开。另外，加冷却液的速度不宜过快，应缓缓加入。

（3）加注冷却液时不要将冷却液洒到发动机上。若将冷却液洒到发动机的火花塞孔座、高压线插孔、分电器上，都可能会对跳火有影响；冷却液溅到传动带上也可能导致其打滑；冷却液洒到机体上还有可能导致机体变形甚至产生裂纹。

（4）人体不要接触冷却液。冷却液及其添加剂均为有毒物质，请勿接触，并应将其置于安全场所。放出的冷却液不宜再使用，应严格按有关法规处理废弃的冷却液。

（5）不同型号的冷却液不要混合使用，否则易引起化学反应，生成沉淀或气泡，降低使用效果。在更换冷却液时，应先将冷却系统用清水冲洗干净，然后再加入新的冷却液。用剩的冷却液应在容器上注明名称以免混淆。

（6）不要缺水运行。高温天气行车，水箱内的冷却液蒸发加快，要时刻注意检查冷却液量，注意观察冷却液温度表。水箱如果不完全加满，冷却液在水套内循环就存在问题，水温容易升高造成"开锅"。有些车型的水箱位置较发动机低，加水时水箱加水口显示已经加满，但实际上发动机水套内缺水。如贸然行车，水箱易"开锅"。

对这些车型，正确的方法是：应在加水口显示加满后，起动发动机，待发动机温度升高至节温器开启时，水套内空气排出后，水面就会下降，此时再将水箱加满即可。对于轿车，冷却液液面应位于补偿水桶外表面"高"线和"低"线之间。

思考与练习

（1）简述汽车发动机冷却系统的作用和组成。

（2）为什么要调节冷却系统的冷却强度？如何调节？

(3) 简述冷却液进行大、小循环时的流经路线。

(4) 若发动机正常工作一段时间后停机，冷却系统中的冷却液会发生什么现象？

(5) 如果蜡式节温器中的石蜡泄漏或缺失，节温器将处于怎样的工作状态？发动机会出现什么故障？

项目六　汽油发动机燃料供给系统的构造与检修

【学习目标】

知识目标：了解汽油发动机燃料供给系统的作用和组成；了解汽油发动机直喷系统和增压系统。掌握汽油发动机各工况对可燃混合气成分的要求；掌握汽油发动机燃料供给系统主要元器件的检修；掌握汽油发动机进、排气系统的组成。

技能目标：掌握汽油发动机燃料供给系统的检修方法；熟练掌握汽油发动机和汽油泵的检修方法。

【案例导入】

一辆行驶了 120 000 km 的轿车被送到维修站检查，车主反映该车最近特别费油且加速无力，要求维修人员对其发动机进行检查，找出故障原因并进行维修。

【学习引导】

维修人员根据车主反映的现象，初步判断为燃料供给系统故障。本项目主要介绍汽油发动机燃料供给系统的结构与检修。

汽油发动机燃料供给系统的作用是储存、输送清洁燃料。它可以根据发动机不同工况的要求，配制一定数量和浓度的可燃混合气送入气缸，并在燃烧做功后，将燃烧产生的废气排至大气中。

任务一　汽油发动机燃料供给系统的结构

汽油在燃烧前必须与空气按一定比例混合，形成可燃混合气。可燃混合气中燃料含量的多少称为可燃混合气成分。

可燃混合气成分有两种表示方法：过量空气系数 α 和空燃比 A/F。

过量空气系数是燃烧 1 kg 燃料实际供给的空气质量与完全燃烧 1 kg 燃料所需要的理论空气质量之比。由此可知：$\alpha=1$ 的可燃混合气称为标准混合气；$\alpha<1$ 的可燃混合气称为浓混合气；$\alpha>1$ 的可燃混合气称为稀混合气。

空燃比是可燃混合气中空气质量与燃料质量之比。理论上，1 kg 汽油完全燃烧需要 14.7 kg 空气。故空燃比 A/F=14.7 的可燃混合气称为标准混合气；A/F<14.7 的可燃混合气称为浓混合气；A/F>14.7 的可燃混合气称为稀混合气。

6.1 车用汽油发动机对可燃混合气成分的要求

1. 稳定工况对可燃混合气成分的要求

1) 怠速工况

怠速是指发动机对外无功率输出,做功行程产生的动力只用以克服发动机的内部阻力,使发动机保持最低转速稳定运转。汽油发动机怠速转速一般为 400~800 r/min,转速很低,汽油雾化不良,与空气混合也很不均匀。另一方面,节气门开度很小,吸入气缸内的可燃混合气量很少,同时可燃混合气又受到气缸内残余废气的冲淡作用,燃烧速度变慢,因而发动机动力不足、燃烧不良甚至熄火。因此,要求提供较浓的混合气,$\alpha=0.6\sim0.8$。

2) 小负荷工况

发动机负荷在 25% 以下时称为小负荷工况。小负荷工况下,节气门开度较小,进入气缸内的可燃混合气量较少,而上一循环残留在气缸中的废气相对较多,不利于燃烧。因此,必须供给较浓的可燃混合气,$\alpha=0.7\sim0.9$。

3) 中等负荷工况

发动机负荷在 25%~85% 之间时称为中等负荷工况。发动机大部分时间处于中等负荷工况下工作。中等负荷工况下,节气门开度中等,故以经济性要求为主,应供给接近于相应耗油率最小的 α 值的可燃混合气,即 $\alpha=1.05\sim1.15$。这样发动机功率损失不多,节油效果却很显著。

4) 大负荷及全负荷工况

发动机负荷在 85%~100% 之间时称为大负荷工况,负荷为 100% 时称为全负荷工况。此时,应以动力性为前提,要求输出最大功率 P_{emax},故要求燃料供给系统供给的可燃混合气成分为 $\alpha=0.85\sim0.95$。

2. 过渡工况对可燃混合气成分的要求

1) 冷起动工况

发动机冷起动时,可燃混合气得不到足够的预热,汽油蒸发困难。同时发动机曲轴转速低,因而被吸入进气歧管内的空气流速较低,汽油不能受到强烈气流的冲击而雾化,绝大部分呈油粒状态。可燃混合气中的油粒会因为与冷金属接触而凝结在进气管壁上,不能随气流进入气缸,因而使气缸内的可燃混合气过稀,无法引燃。因此,要求燃料系统供给极浓的混合气进行补偿,从而使进入气缸的可燃混合气有足够的汽油蒸汽,以保证发动机得以起动。冷起动工况要求供给的可燃混合气成分为 $\alpha=0.2\sim0.6$。

2) 暖机工况

暖机是指发动机冷起动后,各气缸开始依次点火而自行继续运转,使发动机的温度逐渐升高到正常值,发动机能稳定地进行怠速运转的过程。在此期间,可燃混合气成分随温度升高而减小,从起动时的极浓减小到稳定怠速运转所要求的成分为止。

3) 加速工况

加速是指负荷突然迅速增加的过程。当驾驶员猛踩踏板时,节气门开度突然加大,此时空气流量和流速也随之增大。另外,在节气门急开时,进气管内压力骤然升高,同时由于冷空气来不及预热,使进气管内温度降低,不利于汽油的蒸发,致使汽油的蒸发量减少,造成可燃混合气过稀。为了改善这种情况，必须在节气门突然开大时强制多供油，额外增加供油量，及时使可燃混合气加浓到足够的程度。

6.2 汽油发动机的燃烧过程

汽油发动机的燃烧与柴油发动机的不同。由于汽油发动机的压缩比较小，汽油的燃点较高，所以汽油发动机的可燃混合气必须借助外界能量被点燃。在汽油发动机中，通常将点火线圈产生的高压电引入气缸中，击穿火花塞间隙后产生电火花，将可燃混合气点燃。

1. 正常燃烧

汽油发动机可燃混合气的燃烧过程非常快，经历时间为 1.5～3 ms。燃烧通常分为三个阶段，如图 6-1 所示。

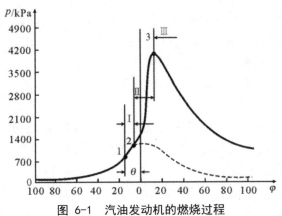

图 6-1 汽油发动机的燃烧过程

1）滞燃期

滞燃期是指从火花塞跳火（1点）至火焰形成中心（2点）的阶段。滞燃期的时间与火花的能量、可燃混合气的压力和温度、可燃混合气成分、残余废气系数、气缸内的气流运动等因素有关。

2）速燃期

速燃期是指火焰形成中心（2点）至气缸内出现最高压力（3点）的阶段。速燃期是汽油发动机燃烧的主要阶段，该阶段的时间长短对汽油发动机的功率和经济性有很大的影响。如果时间过短，燃烧会过早达到最高压力，这样就会在压缩过程中燃烧大量可燃混合气，从而使压缩过程的负功增加。如果时间过长，燃烧会推迟，大部分可燃混合气的燃烧在膨胀过程中进行，所放出的热量就不能被有效利用，而且还会增大燃烧室壁面的传热，使得汽油发动机的功率和经济性下降。

3）后燃期

后燃期是指从最高压力至燃料基本完全燃烧的阶段。该阶段燃烧的主要是在火焰前锋过后没来得及燃烧的燃料及黏附在燃烧室壁面上的可燃混合气。后燃期应尽可能地短。

2. 不正常燃烧

1）爆燃

汽油发动机燃烧过程中，燃烧室内有明显的火焰前锋在推进，在火焰前方的未燃混合气受到已燃混合气强烈的压缩和热辐射作用,其压力和温度都急剧升高。如果在火焰前锋到达以前,未燃混合气已达到它的自燃温度而自行着火,形成新的火焰中心,产生新的火焰传播,这种现象称为爆燃。

高速摄影的观察表明:爆燃时,爆燃形成的火焰中心向外传播的速度达 100～300 m/s,使未燃混合气瞬间燃烧完毕。气体因容积来不及膨胀,局部温度和压力猛烈增加,和周围的气体压力不平衡而产生冲击波,这种冲击波以超声速传播,撞击燃烧室壁面,发出频率达 3 000～5 000 Hz 的尖锐的金属敲击声。虽然爆燃时的最高压力很高,但它是以冲击波的形式出现的,不是以均匀压力推动活塞,而是像用榔头不断敲击活塞似的,不能使做功增加。汽车在低速上坡时,允许有很轻微的短时间的爆燃,因为轻微的爆燃可以使燃烧过程缩短,有利于提高有效功率;但是不允许有严重的爆燃,严重的爆燃会造成机件过载、机件烧损、发动机性能指标下降等危害。预防发动机产生爆燃的主要措施如下。

(1) 提高汽油抗爆性。在汽油中加入少量抗爆添加剂,可以提高汽油的辛烷值,增强汽油的抗爆性。但现在已严格控制加铅汽油的使用,应根据发动机的压缩比选用相应牌号的汽油。

(2) 改变结构因素。如减小压缩比、采用双火花塞等。

(3) 改变运行因素。如减小负荷、提高转速等。

2) 表面点火

在汽油发动机压缩过程中,不依靠火花塞点火,而由燃烧室内炽热表面或炽热点等点燃混合气所引起的燃烧现象称为表面点火。它是由燃烧室内炽热物作为点火源而形成的新的着火现象,是一种不正常的燃烧现象。燃烧室内炽热物可能是过热的火花塞电极、热的排气门、热的燃烧表面沉积物等。由表面点火产生的新的火焰前锋也以正常的速度传播,在正常火花塞点火前的表面点火称为早火,在正常火花塞点火后的表面点火称为后火。

表面点火的结果是气缸内压力急剧升高,噪声加强,可燃混合气向活塞、气缸壁的传热增加,活塞与气缸套间结焦。早火相当于将点火提前角提前,后火虽有可能加快燃烧速度,但是表面点火的最大问题是点火的无规律性,这将导致燃烧过程不稳定,工作过程粗暴,使发动机的动力性、经济性都受到不良影响。避免表面点火的有效措施是采用低馏程的燃料与不易结焦的润滑油。

表面点火不同于爆燃,它是由炽热表面点燃混合气引起的,而爆燃则是由燃烧室内末端可燃混合气的自燃引起的。表面点火与爆燃之间又存在相互影响,表面点火会促使爆燃发生。

3. 使用因素对燃烧过程的影响

使用因素包括燃料性质、可燃混合气成分、点火提前角、转速、负荷及冷却强度等,这些都对汽油发动机的燃烧过程有显著的影响。

1) 燃料性质

燃料性质对燃烧过程的影响主要体现为对爆燃的影响。在选择燃料时,应使其辛烷值与汽油发动机的压缩比相适应。

2) 可燃混合气成分

可燃混合气成分对燃烧过程的影响主要体现在火焰传播速度上,如图 6-2 所示。

当过量空气系数为 0.8～0.9 时,火焰传播速度最快,汽油发动机功率也最大,但可燃混合气燃烧不完全,经济性较差。同时,由于气缸内压力和温度升高,末端可燃混合气容易自燃，为了减小爆燃，应避开这个值。当过量空气系数为 1.05～1.15 时，火焰传播速度下降不多，散热损失增加也不多，可燃混合气燃烧完全。此时，汽油发动机经济性最好，缺点是氮氧化物排放量大。

3）点火提前角

点火提前角过大或者过小都会使汽油发动机的功率和经济性下降。点火提前角增大会使最高燃烧压力增大，末端可燃混合气受的挤压作用增强，使爆燃的可能性增大。

4）转速

转速对滞燃期影响不大。爆燃的可能性随转速的增大而减小，因为转速增大时，火焰传播速度加快，而且残余废气系数增大，使得末端可燃混合气的氧化作用减弱。

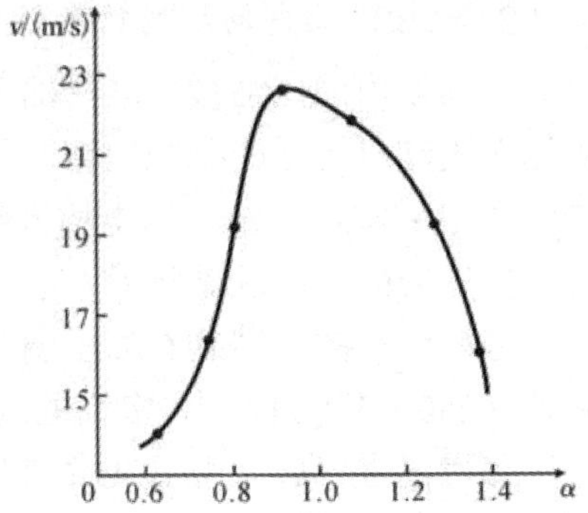

图 6-2 可燃混合气成分对火焰传播速度的影响

5）负荷

负荷减小，节气门开度减小，吸入的可燃混合气减少，残余废气增多，最高压力和温度下降，爆燃的可能性减小。

6）冷却强度

过度冷却会使可燃混合气的质量变坏，从而使燃烧速度减小，散热损失增大，汽油发动机的功率下降。冷却不足会使汽油发动机过热，容易产生早火及爆燃现象。

6.3 电控汽油发动机燃料供给系统

1. 电控汽油发动机燃料供给系统的组成

电控汽油发动机燃料供给系统主要由汽油箱、汽油泵、汽油滤清器、汽油管（分配油管和回油管）、喷油器和油压调节器等组成，如图 6-3 所示。

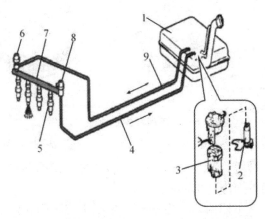

图 6-3 电控汽油发动机燃料供给系统的组成

1—汽油箱；2—汽油泵；3—汽油滤清器；4—回油管；5—喷油器；
6—脉动缓冲器；7—分配油管；8—油压调节器；9—输油管

2. 电控汽油发动机燃料供给系统的工作过程

汽油箱内的汽油被电动汽油泵吸出并加压至 350 kPa 左右，然后经汽油滤清器滤去杂质，被送至发动机上方的分配油管。分配油管与安装在各气缸进气歧管上的喷油器相通。喷油器是一种电磁阀，由发动机电控系统的计算机（又称 ECU）控制。通电时，喷油器开启，具有一定压力的汽油以雾状喷入进气歧管内，与空气混合，在进气行程中被吸进气缸。

分配油管的末端装有油压调节器，用来调整分配油管中汽油的压力，使油压保持为某一定值（250～300 kPa）。多余的汽油从油压调节器上的回油口经回油管返回汽油箱。

可燃混合气成分由 ECU 控制，ECU 控制喷油器在每次进气行程开始之前喷油一次，由每次喷油持续时间的长短来控制喷油量。

ECU 根据安装在发动机上的各种传感器，测得发动机的进气量、冷却液温度、进气温度、节气门开度、发动机转速等参数。根据设定的控制程序，ECU 在不同的工况下按不同的模式来控制喷油量，使发动机在各种工况下都能获得所需的成分最适宜的可燃混合气，以达到既降低油耗又保证发动机发出最大功率，同时使发动机的排放污染尽可能低的目的。

3. 电控汽油发动机燃料供给系统的主要部件

1）电动汽油泵

常见的汽油泵是平板叶轮式电动汽油泵。平板叶轮式电动汽油泵的结构如图 6-4 所示。泵壳的一端是进油口，另一端是出油口，电源插头在出油口一侧，进油口一侧的叶轮式油泵由泵壳中间的直流电动机高速驱动。油泵的转子是一块圆形平板，平板圆周上开有小槽，形成泵油叶片。

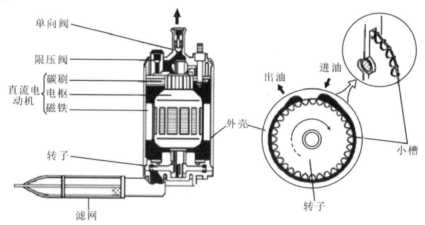

图 6-4 平板叶轮式电动汽油泵

当电动汽油泵在运转时，转子周围小槽内的汽油跟随转子一同高速旋转。离心力的作用使汽油出口处油压增高，同时在进口处产生一定的真空，使汽油经过入口的滤网被吸入电动汽油泵，加压后经过电动机周围的空间由出口泵出。

电动汽油泵出口处有一单向阀，在电动汽油泵不工作时阻止汽油倒流回油箱，以保持发动机停机后的油压，便于发动机的再次起动。其最大泵油压力较高，可达 600 kPa 以上。若因汽油滤清器堵塞等原因使电动汽油泵出口一侧油压上升，则与油泵一体的限压阀即被顶开，使部分汽油回到进油口一侧，以防止电动汽油泵输出油压过高。

2）汽油滤清器

汽油滤清器的作用是过滤汽油中的杂质，防止污物堵塞喷油器等精密零部件。汽油滤清器装在电动汽油泵之后的输油管上，其结构如图6-5所示，使用寿命通常可达到40 000 km以上。

现在越来越多的轿车将汽油滤清器布置在汽油箱中，与电动汽油泵安装在一起，如图6-6所示，这样可以不受空间的限制，将汽油滤清器设计得更大，使其使用寿命更长。

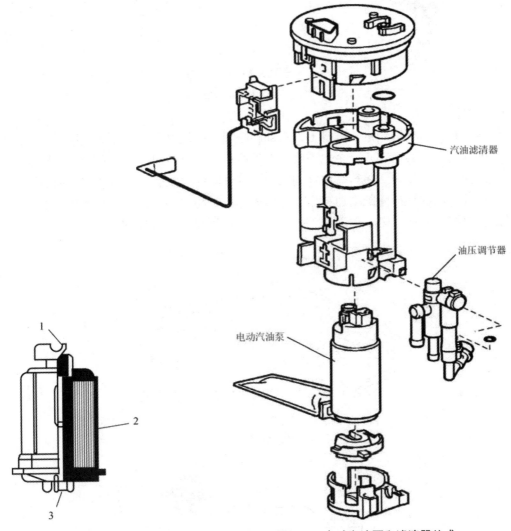

图6-5 汽油滤清器

1—进油口；2—滤芯；3—出油口

图6-6 电动汽油泵和滤清器总成

3）分配油管

分配油管的作用是将汽油均匀、等压地输送给各气缸喷油器。它能储油蓄压，防止汽油压力波动，保证供给各喷油器等量的汽油。分配油管的安装位置如图6-7所示。

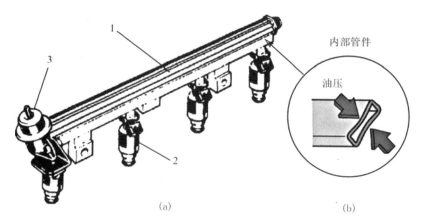

图 6-7 分配油管的安装位置

1—分配油管；2—喷油器；3—油压调节器

4）喷油器

喷油器安装在各气缸的进气歧管上，头部的喷嘴朝向进气门，如图 6-8 所示。喷油器的结构如图 6-9 所示，其内部有一个电磁线圈，经线束与 ECU 连接。当 ECU 使电磁线圈通电时，电磁线圈便产生磁力，将衔铁和针阀吸起，打开喷孔，具有一定压力的汽油经针阀头部的轴针与喷孔之间的环形间隙高速喷出，并形成雾状，与空气混合，在进气行程中被吸入气缸。电磁线圈不通电时，其磁力消失，弹簧将衔铁和针阀压下，关闭喷孔，喷油器停止喷油。

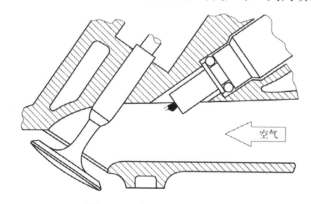

图 6-8 喷油器的安装位置

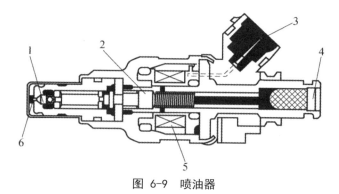

图 6-9 喷油器

1—针阀；2—衔铁；3—插头；4—进油口；5—电磁线圈；6—喷孔

5）油压调节器

油压调节器一般安装在分配油管的一端,它的一个进油口和分配油管相通,下方的出油口接回油管,上方的真空接口通过一根软管和进气歧管相通,如图6-10所示。油压调节器的作用是调整汽油管路中的油压,以保证ECU能通过控制喷油时间的长短来精确地控制喷油量。

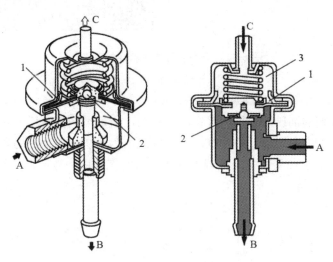

图6-10 油压调节器

1—膜片；2—回油阀；3—弹簧；A—进油口；B—出油口；C—真空接口

进气歧管的真空度越大,油压调节器所调节的汽油压力就越低；相反,进气歧管的真空度越小,油压调节器所调节的汽油压力就越高。因此,不论进气歧管真空度如何变化,油压调节器都能使汽油压力和进气歧管压力之差（也就是喷油器喷孔内、外的压力差）始终保持不变,从而使喷油器的喷油量唯一地取决于喷油时间的长短,保证了发动机通过计算机控制喷油量的精确度。油压调节器的工作示意图如图6-11所示。

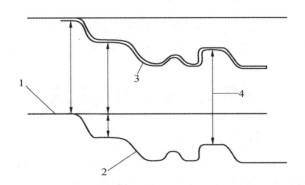

图6-11 油压调节器工作示意图

1—大气压力；2—进气管压力；3—汽油压力；4—喷油压力

近几年来,由于发动机电控系统的控制方式和控制精度不断提高,汽油压力对喷油量控制精度的影响越来越小,为了降低成本、简化汽油管路结构,许多新型轿车发动机的燃料供给系统采用无回油管的形式,如图6-12所示。

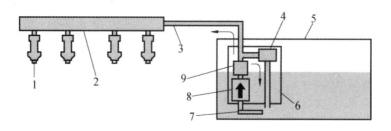

图 6-12 无回油管的燃料供给系统

1—喷油器；2—分配油管；3—输油管；4—油压调节器；5—汽油箱；
6—电动汽油泵及燃油滤清器总成；7—进油滤网；8—电动汽油泵；9—汽油滤清器

这种燃料供给系统的油压调节器布置在汽油箱内，所调节的汽油压力基本保持不变。由于没有回油管，发动机上方分配油管中的汽油没有回流。为了防止发动机的高温使汽油管路中的汽油蒸发而产生气阻，这种系统中油压调节器所调节的汽油压力较高，通常为320～350 kPa，其安装位置如图6-13所示。

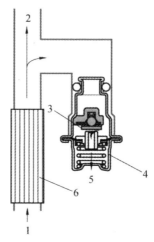

图 6-13 安装在汽油箱内的油压调节器

1—自进油滤网；2—至输油管；3—阀； 4—油压调节器；5—回油；6—汽油滤清器

任务二　进、排气系统

进气系统的作用是在发动机运转时，将空气或可燃混合气送入气缸；排气系统的作用是将各气缸燃烧后的废气经消声后排到大气中。为了使发动机正常运转，应尽可能地减少进气和排气的阻力，保证进入气缸的空气或可燃混合气清洁，减少排气噪声。

6.4　进气系统

进气系统主要由空气滤清器、进气道、节气门和进气歧管等组成。如图6-14所示是L型电控发动机进气系统结构图。

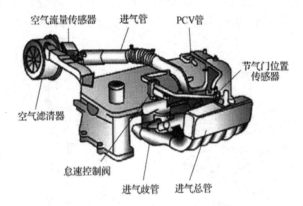

图 6-14　L 型电控发动机进气系统结构图

1. 空气滤清器

空气滤清器按结构的不同有湿式空气滤清器和干式空气滤清器等多种类型。

1）湿式空气滤清器

湿式空气滤清器又称油浴式空气滤清器，如图 6-15 所示，它用金属丝网作滤芯。这种滤清器在使用一段时间后，经清洗滤网、更换润滑油后可再次使用，为永久式滤清器。

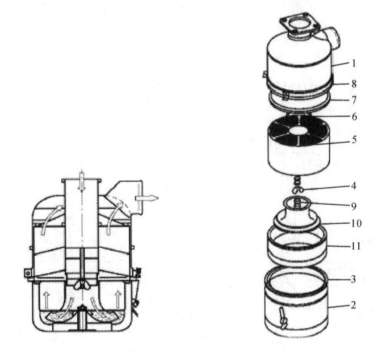

图 6-15　湿式空气滤清器

1—外壳；2—机油盘；3，6，7—垫圈；4—蝶形螺母；5—滤芯；
8—夹箍；9—螺帽；10—通气道；11—导气管

2）干式空气滤清器

干式空气滤清器用折叠状的滤纸作滤芯。这种滤清器的滤芯使用久后，必须更换，根据汽车的使用条件和车型，一般每行驶 20 000～40 000 km 应更换 1 次滤芯。干式空气滤清器有多种形式，如图 6-16 所示为应用在中、小型汽车上的干式空气滤清器。

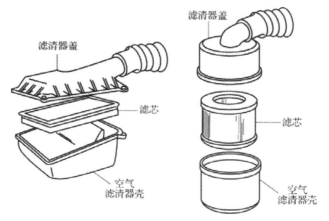

图 6-16 干式空气滤清器

如图 6-17 所示为一种应用在大型柴油车上的旋风干式空气滤清器。它依靠滤芯上带有的叶片，使吸入的空气产生涡流，较大的灰尘便在离心力作用下落在滤清器的底部橡皮阀上，如图 6-17（c）所示。当发动机运转时，滤清器内产生一定的真空，橡皮阀在真空作用下关闭，当发动机熄火后，真空消失，橡皮阀在自身弹力作用下打开，放出灰尘。

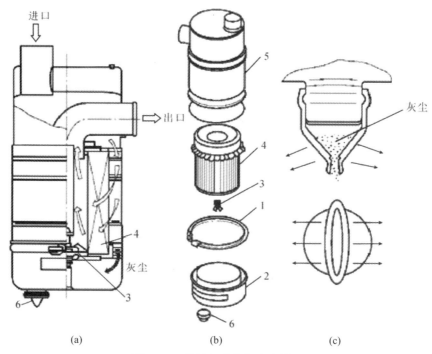

图 6-17 旋风干式空气滤清器

1—夹箍；2—滤清器盖；3—蝶形螺钉；4—滤芯；5—外壳；6—橡皮阀

2. 进气歧管

进气歧管指的是节气门体之后到气缸盖进气道之前的进气管路。为了减小气体流动阻力、提高进气能力,进气歧管的内垫应该光滑。

现代汽油喷射式发动机还在进气歧管的结构设计上采用了各种特殊的形式,以便充分利用进气歧管内的空气动力效应,进一步提高各种转速工况下的进气量,增加发动机的动力输出,改善其转矩输出特性,降低进气噪声。这些特殊的结构形式包括采用长进气歧管,设置动力腔、谐振腔,以及采用可变进气歧管。

谐振腔是一个在进气歧管的旁边,并与进气歧管相通的封闭腔体,如图6-18所示,其作用是降低进气气流的噪声。汽油喷射式发动机常在进气歧管中部设置一个动力腔,如图6-19所示,以利于进气歧管内压力波的共振,充分利用气流压力波动效应,提高充气效率。

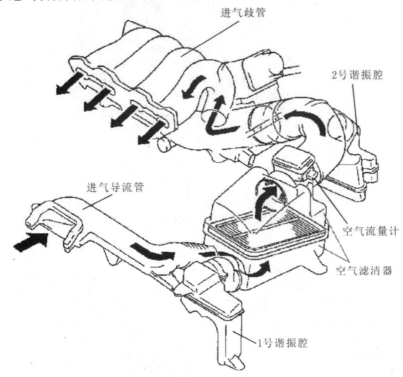

图6-18 电控汽油喷射式发动机的进气歧管

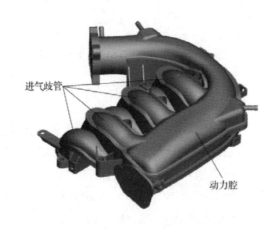

图6-19 复合塑料进气歧管

可变惯性充气系统是在动力腔中设置一个或一组转换阀，将动力腔分隔成两个部分。阀片开启或关闭，可使动力腔的两个部分相通或隔开，从而改变动力腔的形状或进气歧管的长度，使进气歧管有两种不同的空气动力效应。

ECU依照设定的程序，在发动机不同的转速范围内，让阀片开启或关闭，以使发动机在所有转速范围内都能获得最佳的充气效果。可变进气歧管有各种结构形式，如图6-20所示为一种较为简单的可变进气歧管，其工作原理如图6-21所示。

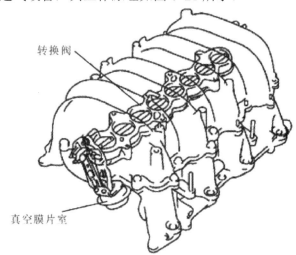

图6-20 可变进气歧管

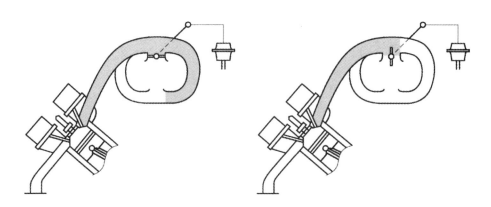

图6-21 可变进气歧管的工作原理

6.5 排气系统

排气系统由排气歧管、催化转换器、消声器和排气管道等组成。

根据排气管的布置形式，排气系统可分为单排气系统和双排气系统。直列式发动机的排气系统为单排气系统，如图6-22所示。

排量不大的V形发动机仍采用单排气系统，如图6-23（a）所示，大排量（3L以上）的V形发动机多采用双排气系统，如图6-23（b）所示。

项目六　汽油发动机燃料供给系统的构造与检修

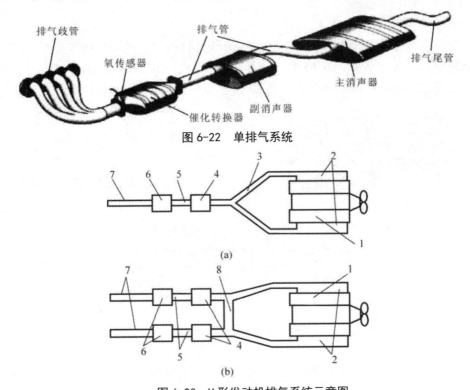

图 6-22　单排气系统

图 6-23　V形发动机排气系统示意图

1—发动机；2—排气歧管；3—叉形管；4—催化转换器；5—排气管；
6—消声器；7—排气尾管；8—连通管

1. 排气歧管

排气歧管与发动机气缸盖相连，废气从排气门出来直接进入排气歧管。排气歧管应能承受排气的高温，并能抵抗极大的温差造成的热应力。排气歧管的形状十分重要，为了避免各气缸排气相互干扰及排气倒流现象，并尽可能地利用惯性排气，应该将排气歧管做得尽可能长一些，而且各气缸排气歧管应该相互独立、长度相等。如图 6-24 所示为几种常见的排气歧管。

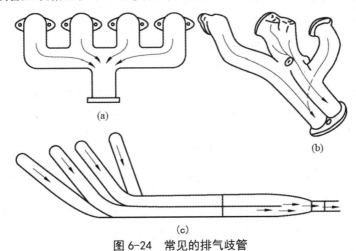

图 6-24　常见的排气歧管

(a) 基本型；(b) 双管型；(c) 聚集型

2. 消声器

消声器的用途是减少排气脉动，尽可能地降低排气噪声，并降低排气温度。消声器从原理上可分为反射式和吸收式两种形式，如图 6-25（a）、（b）所示。也可以将吸收式和反射式两种原理同时应用在一个消声器中，制成吸收-反射式消声器，如图 6-25（c）所示。

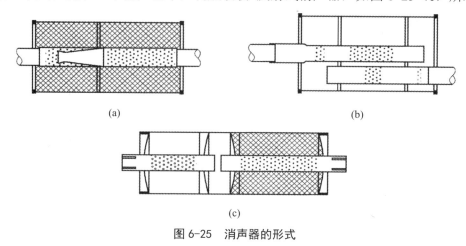

图 6-25 消声器的形式

任务三 直喷系统简介

6.6 直喷系统概述

1. 汽车发动机直喷稀燃技术

1) 汽车发动机直喷稀燃技术的概念

燃油分层喷射（fuel stratified injection，FSI）是直喷式汽油发动机领域的一项创新的革命性技术。

2) 汽车发动机直喷稀燃技术的关键

（1）高能点火。高能点火有利于火核形成，使燃烧速度增快，稀燃极限变大。稀燃发动机应采用特殊的火花塞设计以达到此目的。

（2）控制最优点火提前角，易于实现分层燃烧。

（3）控制喷射的最佳时刻与时间，使本来不易点燃的稀薄混合气迅速被点燃。

（4）采用紧凑型燃烧室设计，提高压缩比，缩短火焰传播距离。

（5）组织空气运动，通过改进进气口位置使气缸内形成较强的空气运动旋流，提高气流速度，实现分层。

3) 汽车发动机直喷稀燃技术的工作原理

采用直喷稀燃技术的发动机利用一个高压泵，使汽油通过一个分流轨道（共轨）到达电磁控制的喷油器；在进气道中产生可变涡流，使得进气流以最佳的涡流形态进入燃烧室；以分层填充的方式推动，使较浓的气体聚集于火花塞的周围。正常情况下，如此稀薄的气体是不可能被点燃的，故发动机采用以中间点火带动周围点火的方式，浓混合气点燃后，燃烧迅速波及外层，使整个气缸内的气体燃烧。

2. 实现直喷稀燃的两种方法

一种很有效但较复杂的方法是把燃烧室分成主室和副室两个区域，向装有火花塞的副室一直喷入浓混合气，向主室交替喷入稀混合气和浓混合气。这种方法的优点是副室的浓混合气能确保可靠的点火，主室的稀混合气在整个燃烧室中占主要地位。在整个燃烧过程中为使氮氧化物催化器的再生得以实现，主室的混合气浓度是变化的，要么很浓，要么很稀。这种方法能显著地减少氮氧化物排放。但是，这种发动机的燃烧室表面积较大，其未燃碳氢化合物排放也较高。

另一种方法是直接把汽油喷进燃烧室，在火花塞附近形成一个浓混合气区，在火花塞周围较远的地方形成稀混合气区，使混合气分层，从总体看燃烧室中的混合气是稀的。这种直接喷射的方法也有一些明显的缺点，如发动机输出功率低、设计复杂等。现在使气流以一种精确计算的涡流模式进入燃烧室，也有可能达到一定程度的进气分层，但这种分层效应目前还不是很清楚，而且难以控制，导致发动机瞬时扭矩变化非常大。

3. 主要组成

（1）低压油路。

低压油路位于系统油箱的一侧。它由电子燃油泵及与之并联的压力调节器组成，并产生 0.35 MPa 的压力。通过该油路将燃油供给发动机驱动的高压泵。

（2）高压油路。

①高压泵。

高压泵可将油压从 0.35 MPa 升高到 12 MPa，使油轨的压力波动最小，并防止燃油和发动机的润滑油混合在一起。

②油轨。

油轨必须有足够的弹性，以承受喷油形成的周期压力脉动与高压泵泵油压力脉动所同步产生的压力波冲击。另外它必须有足够的刚度，以便油轨压力对发动机的燃油要求能快速做出反应，所以油轨的弹性是根据燃油的压缩性能和油轨容积来选定的。

③压力传感器。

压力传感器可测出油轨的压力。

④压力控制阀。

压力控制阀的作用是在发动机全部工况范围内，根据其脉谱图来调整主压力。主压力不受喷油量和油泵输送量的影响。

压力控制阀下游的过量燃油是由负荷状态决定的。过量燃油不返回油箱，而是回到高压泵进口。这样可避免油箱中的燃油被加热，防止油箱的活性炭罐清洁系统过载。

⑤喷油器。

喷油器的结构与喷射方式有关，并且必须能满足安装环境、极短的喷射持续期和高度线性等严格要求。喷油起始点和喷油量均由喷射阀触发信号确定。

6.7 缸内燃油直喷供给系统的组成和作用

1. 汽油发动机缸内直喷技术发展

为了提高汽油发动机的热效率，汽车工业在 20 世纪 50 年代开始尝试制作缸内直喷点燃式发动机,即直喷汽油发动机。但是,由于受到技术、成本和稳定性的制约,再加上20世纪70年代末出现的进气道喷射电控汽油发动机技术的日益成熟,直喷汽油发动机一直没有得到广泛应用。

20世纪90年代,汽油喷射系统的新技术——共轨高压喷油以及与其匹配的喷油器的应用,使得直喷汽油发动机重新得到重视和开发。

21世纪初,随着节能环保的法规日益严格,发动机也朝着减小排量、轻量化、拥有优异的燃油积极性的方向发展。与此同时,可变气门正时、废气涡轮增压的技术也不断成熟。结合缸内直喷技术的汽油发动机逐步成为经济环保而又不失驾驶乐趣且极具发展前途的发动机。

如今汽油发动机缸内直喷技术已经进入实用化阶段。生活中我们会在汽车的尾部后备箱上看见 FSI、GDI 以及 CGI 的标志,这就表明该汽车采用了直喷发动机。

2. 低压系统

低压系统是一种动态调节系统,从发动机控制单元输出的脉冲宽度调制(PWM)信号控制功率电器装置,功率电器装置也通过输出 PWM 信号来调节电动燃油泵的转速。

3. 高压系统

高压系统由高压燃油分配板、带有压力传感器的压力限制阀、高压燃油喷油泵、高压燃油管、高压喷油器、单活塞高压泵等组成。高压燃油分配板集成在进气歧管法兰上。

单活塞高压泵只将发动机控制单元内存储的特性曲线所规定的燃油量送入高压油轨。与连续供油的高压泵相比,它的优点是减少了泵油时消耗的燃油量。

单活塞高压泵没有泄油管,是一个根据需要由油量控制阀 N290 来进行调节的高压泵。它在其内部就将受控的燃油消耗的驱动功率降低了,只是输送实际需要的燃油量。

单活塞高压泵和油量控制阀 N290 的工作过程如下。

1) 吸气冲程

如图 6-26 所示,电脑控制油量控制阀 N290 断电,油量控制阀 N290 使低压阀保持在打开位置。凸轮的形状和活塞弹簧力使活塞向下运动。泵内的空间加大,燃油流入。

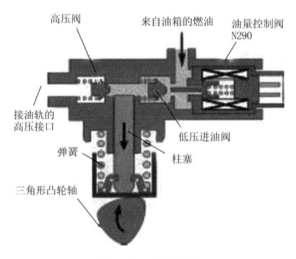

图 6-26 吸气冲程

2）做功冲程

如图 6-27 所示，三角形凸轮转动，克服弹簧力使活塞向上运动。为防止低压进油阀关闭，电脑控制油量控制阀 N290 断电，保持打开状态，这时还无法建立起压力。

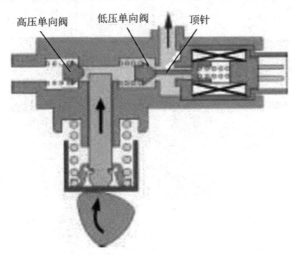

图 6-27　做功冲程

3）压缩冲程

如图 6-28 所示，发动机控制单元向油量控制阀 N290 通电，油量控制阀 N290 的顶针被吸引，向右移动。泵内的压力油将低压进油阀压入其座内。如果泵内压力超过油轨内的压力，高压单向阀就会被推开，燃油就会进入油轨。

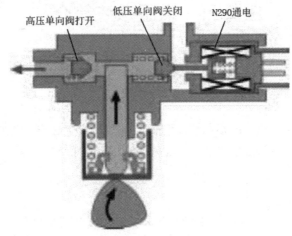

图 6-28　压缩冲程

4）高压喷油器

高压喷油器与高压泵一样，也是由日立公司生产的，其作用是在精确的时刻将精确的燃油量喷入燃烧室。

高压喷油器的电控由发动机控制单元来完成，工作电压约为 65 V。喷射出的燃油量由阀的开启时间和燃油压力来决定。喷油器与燃烧室之间由一个聚四氟乙烯密封圈来密封，每次拆卸后必须用专用工具更换该密封圈。如图 6-29 所示为高压喷油器的结构。

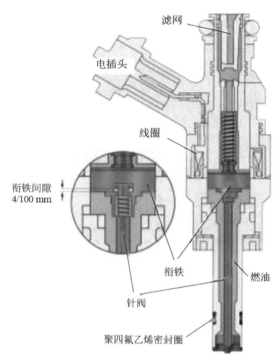

图 6-29 高压喷油器的结构

任务四　增压系统简介

6.8　概述

1. 增压的概念

所谓增压就是将空气预先压缩后再供入气缸，以提高空气密度、增加进气量的一种技术。增压技术以前广泛地应用在柴油发动机上，随着增压技术的成熟，现在也开始应用到汽油发动机上。

2. 增压的作用

（1）因为进气量增加，供油量也相应增加，并且燃油得到充分燃烧，从而可以增大发动机转矩和功率。

（2）提高燃油经济性，改善发动机排放性能。

3. 增压的分类

增压有机械增压、涡轮增压和气波增压三种基本类型。实现空气增压的装置称为增压器。早期柴油发动机多采用机械增压，由于这种增压方式要消耗发动机输出功率而使发动机经济性变差，近来基本被淘汰。现在发动机广泛采用的是涡轮增压。

6.9 机械增压和气波增压

1. 机械增压

机械增压器 4 由发动机曲轴 1 经齿轮增速器 5 驱动,如图 6-30(a)所示,或由曲轴齿形传动带轮经齿形传动带 9 及电磁离合器 6 驱动,如图 6-30(b)所示。机械增压能有效地提高发动机功率,与涡轮增压相比,其低速增压效果更好。另外,机械增压器容易与发动机匹配,结构也比较紧凑。但是,由于驱动增压器需消耗发动机功率,因此有增压的发动机燃油消耗率比没有增压的略高。

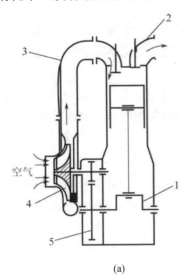
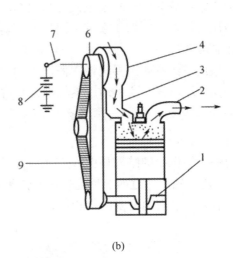

图 6-30 机械增压示意图

1—曲轴;2—排气管;3—进气管;4—机械增压器;5—齿轮增速器;
6—电磁离合器;7—开关;8—蓄电池;9—齿形传动带

机械增压器利用转子中叶片的高速旋转来提高空气的流通速度,从而增加压气机出口处空气的压力,达到增压的目的。电控单元根据发动机工况的需要,发出接通或切断电磁离合器电源的指令,以控制增压器的工作。

2. 气波增压

气波增压器中有一个特殊形状的转子 3,由发动机曲轴带轮经传动带 4 驱动,如图 6-31 所示。在转子中,发动机排出的废气直接与空气接触,利用排气压力波使空气受到压缩,以提高进气压力。

6.10 涡轮增压

涡轮增压是在汽车发动机上应用得最普遍的一种增压方式,在柴油发动机上应用涡轮增压已经有半个多世纪了。涡轮增压也称废气涡轮增压,它利用发动机排气

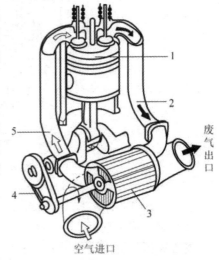

图 6-31 气波增压示意图

1—活塞;2—排气管;3—转子;
4—传动带;5—进气管

驱动的涡轮机拖动压气机，来提高进气压力，增加充气量。涡轮增压器与发动机没有机械的联系。与前两种增压方式相比，涡轮增压的优点是经济性好，并可大幅度地减少有害气体的排放，降低噪声。

涡轮增压器由涡轮机和压气机构成。其工作原理是将发动机排出的废气引入涡轮机，利用废气所包含的能量推动涡轮机叶轮旋转，并带动与其同轴安装的压气机叶轮工作，新鲜空气在压气机内增压后进入气缸。涡轮增压的缺点是低速时转矩增加不多，而且在发动机工况发生变化时，瞬态响应差，致使汽车加速性，特别是低速加速性较差。

1. 涡轮增压系统

涡轮增压系统分为单涡轮增压系统和双涡轮增压系统。只有一个涡轮增压器的增压系统为单涡轮增压系统。涡轮增压系统除涡轮增压器之外，还包括进气旁通阀、排气旁通阀和排气旁通阀控制装置等。

双涡轮增压系统有两个涡轮增压器，它们并列布置在排气管中。六个气缸分为两组，分别驱动两个涡轮增压器。这种增压系统中还装有中冷器、谐振室和增压压力传感器等装置。

2. 涡轮增压器的结构及工作原理

1) 结构

汽车用涡轮增压器的结构如图6-32所示，它由离心式压气机、径流式涡轮机和中间体三部分组成。增压器轴5通过两个浮动轴承9支承在中间体14内。中间体内有润滑和冷却轴承的油道，还有防止润滑油泄漏的密封装置。

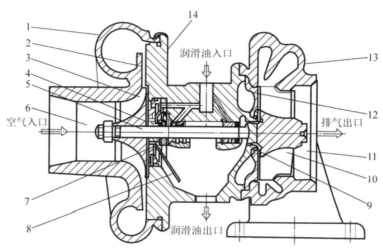

图6-32 汽车用涡轮增压器结构

1—压气涡轮壳；2—无叶式扩压管；3—压气机叶轮；4—密封套；5—增压器轴；6—进气道；7—推力轴承；8—挡油板；9—浮动轴承；10—涡轮机叶轮；11—出气道；12—隔热板；13—涡轮机涡壳；14—中间体

（1）离心式压气机。

离心式压气机由进气道6、压气机叶轮3、无叶式扩压管2及压气机蜗壳1等组成。叶轮包括叶片和轮毂，并由增压器轴带动旋转。压气机的作用是通过叶轮的旋转提高进入空气的流速、压力和温度，然后通过蜗壳将空气引向压气机出口。

（2）径流式涡轮机。

涡轮机是将发动机排气的能量转变为机械能的装置。径流式涡轮机由蜗壳、喷管、叶轮和出气道等组成。

（3）转子。

涡轮机叶轮、压气机叶轮和密封套等零件安装在增压器轴上，构成涡轮增压转子。转子在工作过程中高速旋转，因此必须保持平衡。

（4）增压器轴承。

现代汽车用涡轮增压器一般都采用浮动轴承。在增压器工作时，轴承在轴与轴承座之间转动。为了减少轴承的摩擦，在轴承的两端加工有布油槽，另外在轴承上还加工有进油孔，以保证止推面的润滑和冷却。

2）工作原理

涡轮增压器主要由涡轮机和压气机（增压器）两大部分组成。涡轮机将柴油发动机排出的废气能量转变为机械能。压气机则利用涡轮输出的机械能，把空气的压力提高，然后将其送至气缸内，以达到增压的目的。

如图 6-33 所示为涡轮增压器的工作原理示意图。排气管 1 接到增压器的涡轮壳 4 上。发动机排出的具有一定压力的高温废气经排气管进入涡轮壳里的喷嘴环 2。由于喷嘴环的横截面积是逐渐收缩的，因而废气的压力和温度下降，速度提高，动能增加。这股高速的废气流，按一定的方向冲击涡轮 3，使涡轮高速旋转。废气的压力、温度和速度越高，涡轮转速也越快，通过涡轮的废气最后排入大气。因为涡轮和离心式压气机叶轮 8 安装在同一转子轴 5 上，所以两者同速旋转。经过空气滤清器并吸入压气机壳内的空气，被高速旋转的压气机叶轮甩向叶轮的外缘，其速度和压力增加，并进入扩压器 7。扩压器的形状为进口小出口大，因此气流的流速下降，压力升高。再通过横截面由小到大的环形压气机壳 9，空气流的压力继续提高。这些被压缩的空气经柴油发动机进气管 10 进入气缸，以提高发动机的充气量。

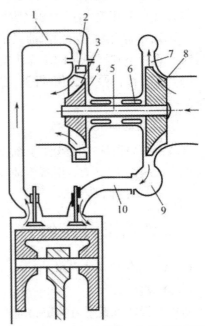

图 6-33 涡轮增压器工作原理示意图

1—排气管；2—喷嘴环；3—涡轮；4—涡轮壳；
5—转子；6—轴承；7—扩压器；
8—压气机叶轮；9—压气机壳；10—进气管

3. 增压压力的调节

在涡轮增压系统中都设有进气旁通阀和排气旁通阀，用以控制增压压力。当增压压力低于限定值时，旁通阀处于关闭状态；当增压压力超过限定值时，增压压力克服膜片弹簧力，旁通阀打开，将一部分气体直接排放到大气中，达到控制增压压力的目的。

4. 涡轮增压器的润滑及冷却

来自发动机润滑系统主油道的润滑油，经增压器中间体上的进口进入增压器，润滑和冷却增压器轴和轴承。在增压器上装有油封，用来防止润滑油窜入压气机或涡轮机蜗壳内，如油封损坏，将会导致润滑油消耗量增加和排气冒蓝烟。在汽油发动机上，常常在增压器中间体的涡轮机两侧设置冷却水套，并通过软管与发动机冷却系统连通，来冷却涡轮增压器。

技能训练　汽油泵的检修

一、汽油泵的检修

1. 汽油泵的就车检查

检查步骤如下。

（1）用专用导线将诊断座上的汽油泵测试端子跨接到 12 V 电源上。

（2）将点火开关转至"ON"位置，但不要起动发动机。

（3）旋开油箱盖能听到汽油泵工作的声音，或用手捏进油软管应感觉有压力。

（4）若听不到汽油泵的工作声音或进油管无压力，应检修或更换汽油泵。

（5）若有汽油泵不工作故障，且上述检查内容均正常，应检查汽油泵电路导线、继电器或熔断器有无断路。

2. 汽油泵的拆装与检测

拆装汽油泵时应释放燃油系统压力，并关闭用电设备。拆下汽油泵后，测量其两端子之间的电阻，应为 $2\sim3\ \Omega$。用蓄电池直接给汽油泵通电，应能听到汽油泵电动机高速旋转的声音，注意通电时间不能太长。

二、燃油压力的检测

1. 燃油系统的压力释放

1）释放目的

防止在拆卸时系统内的压力油喷出，造成人身伤害和火灾。

2）释放方法

（1）起动发动机，并维持怠速运转。

（2）在发动机运转时，拔下汽油泵继电器或电动汽油泵电线接线，使发动机熄火。

（3）再使发动机起动 2~3 次，就可完全释放汽油系统压力。

（4）关闭点火开关，装上汽油泵继电器或电动汽油泵电源接线。

2. 燃油系统压力预置

1）预置目的

避免首次起动发动机时，系统内无压力而导致起动时间过长。

2）预置方法

方法一：通过反复打开和关闭点火开关数次来完成。

方法二：步骤如下。

（1）检查燃油系统元件和油管接头是否安装好。

（2）用专用导线将诊断座上的汽油泵测试端子跨接到 12 V 电源上。

（3）将点火开关转至"ON"位置，使电动汽油泵工作约 10 s。
（4）关闭点火开关，拆下诊断座上的专用导线。

3. 燃油系统压力测试

测试步骤如下。

（1）检查燃油，释放燃油系统压力。
（2）检查蓄电池，拆下负极电缆。
（3）将专用压力表接在脉动阻尼器位置或进油管接头处（根据车型进行选择）。
（4）接上负极电缆，起动发动机，并维持怠速运转。
（5）拆下燃油压力调节器上的真空软管，用手堵住进气管一侧，观察压力表指示的压力。多点喷射系统应为 0.25~0.35 MPa，单点喷射系统应为 0.07~0.10 MPa。
（6）接上燃油压力调节器的真空软管，观察压力表指示的压力，应有所下降（下降约 0.05 MPa）。
（7）将发动机熄火，等待 10 min 后观察压力表指示的压力，多点喷射系统应不低于 0.20 MPa，单点喷射系统应不低于 0.05 MPa。
（8）检查完毕后，应释放系统压力并拆下油压表，装复燃油系统。

思考与练习

（1）汽油发动机的正常燃烧过程分为几个阶段？
（2）什么是爆燃？什么是表面点火？二者有哪些危害？
（3）可燃混合气成分有哪些表示方式？发动机不同工况对可燃混合气有哪些要求？
（4）何谓汽油的抗爆性？汽油的抗爆性用何种参数评价？汽油的牌号与其抗爆性有何关系？

项目七 柴油发动机燃料供给系统的构造与检修

【学习目标】

知识目标：了解柴油发动机可燃混合气的形成和燃烧过程，掌握柴油发动机燃料供给系统主要部件的基本结构和工作原理。

技能目标：掌握柴油发动机燃料供给系统主要部件的检修方法。

【案例导入】

一辆配备柴油发动机的皮卡车无法起动。询问客户得知，该车从前两个月开始就有起动困难现象，早上冷车时往往要多次、长时间才能起动，而且刚起动时排气管有大量黑烟冒出，但起动后运转基本正常，只是感觉动力略有下降。

【学习引导】

对故障汽车应检查其起动系统、润滑系统、冷却系统、燃料供给系统。如起动系统、润滑系统、冷却系统没有问题，则故障可能在燃料供给系统。本项目主要介绍柴油发动机燃料供给系统的结构与检修。

柴油发动机燃料供给系统的作用是完成燃料的储存、滤清和输送工作，按柴油发动机各种不同工况的要求定时、定量、定压并以一定的喷油质量将燃油喷入燃烧室，使其与空气迅速且良好地混合和燃烧，最后排出废气。柴油发动机燃料供给系统主要由燃料供给装置、空气供给装置、混合气形成装置和废气排除装置四部分组成，如图 7-1 所示。

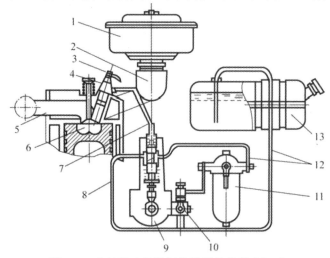

图 7-1 柴油发动机燃料供给系统的基本组成

1—空气滤清器；2—进气管；3,8—回油管；4—喷油器；5—废气排出装置；6—燃烧室；
7—高压油管；8—喷油泵；10—输油泵；11—柴油滤清器；12—低压油管；13—油箱

任务一 柴油发动机燃料供给系统

柴油发动机工作时，输油泵将柴油从油箱内吸出，并以 0.15～0.30 MPa 的低压将其输送给柴油滤清器。清洁的柴油经低压油管进入喷油泵，喷油泵将柴油压力提高到 10 MPa 以上，并根据发动机负荷大小将一定的高压油经高压油管输送给喷油器。喷油器再将柴油喷入燃烧室。

7.1 柴油发动机可燃混合气的形成

柴油发动机以柴油为燃料。由于柴油的蒸发性和流动性比汽油差，因此柴油发动机不像汽油发动机那样在气缸外部形成可燃混合气。柴油发动机的可燃混合气在气缸内部形成，即在接近压缩行程终了时，通过喷油器把柴油喷入气缸内，与高温高压空气混合形成可燃混合气。随着温度不断提高，最终可燃混合气自行燃烧。为了保证发动机良好的性能，燃烧必须在上止点附近完成。因此，混合气的形成时间极短，空间小，而且存在喷油、蒸发、混合和燃烧重叠进行的过程。

柴油发动机可燃混合气的形成方式有空气雾化混合和油膜蒸发混合两种。空气雾化混合是使燃料在燃烧室空间内形成雾状混合物的方式。为了使混合均匀，要求喷出的燃油与燃烧室形状相配合，并利用燃烧室中空气的运动。油膜蒸发混合是将大部分燃油喷射在燃烧室壁面上形成一层油膜，油膜受热蒸发，在燃烧室中强烈的旋转气流的作用下，与空气形成均匀的可燃混合气的方式。多数柴油发动机可燃混合气的形成方式以空气雾化混合为主，球形燃烧室柴油发动机以油膜蒸发混合为主。

7.2 柴油发动机的燃烧过程

柴油发动机的燃烧过程可分为四个时期，如图 7-2 所示。

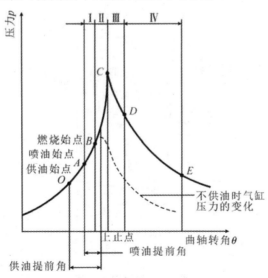

图 7-2 柴油发动机的燃烧过程

1. 着火延迟期

着火延迟期也称滞燃期，如图 7-2 所示的 AB 段，是指从燃料开始喷射到开始燃烧的时间间隔（或曲轴转角）。着火延迟期的时间取决于柴油的十六烷值，同时也取决于压缩行程终了时燃烧室的温度和压力。该时期过长会导致柴油发动机工作粗暴，可燃混合气燃烧不完全，排气冒黑烟。

2. 速燃期

速燃期是从燃烧始点 B 起到最高压力点 C 为止的时间间隔（或曲轴转角）。这一时期燃料燃烧的好坏将影响柴油发动机的输出功率。

3. 缓燃期

缓燃期是从气缸内压力最高点 C 开始到气缸内温度达到最高点 D 为止的时间间隔(或曲轴转角)。若在此燃烧阶段内采取措施，使蒸发的燃油能及时得到足够的空气，就能保证可燃混合气迅速而完全地燃烧，从而提高柴油发动机的热效率，降低排气烟度。

4. 补燃期

补燃期也称后燃期，是从最高温度点 D 起到燃油基本燃烧完的 E 点为止的时间间隔(或曲轴转角)。这一阶段时间过长会造成柴油发动机过热，使其动力性、经济性下降。

7.3 柴油发动机的燃烧室

柴油发动机燃烧室一般按其结构形式分为直喷式燃烧室和分隔式燃烧室两大类。

1. 直喷式燃烧室

直喷式燃烧室只有一个燃烧室，位于活塞顶部和气缸盖底平面之间，如图 7-3 所示。根据直喷式燃烧室的凹坑形状，又可将其分为 W 形燃烧室、U 形燃烧室和球形燃烧室等，如图 7-4 所示。燃料直接被喷入燃烧室中与空气混合，对喷油压力和喷油器的雾化质量要求高，而且混合气燃烧速度很快，容易导致柴油发动机工作粗暴。

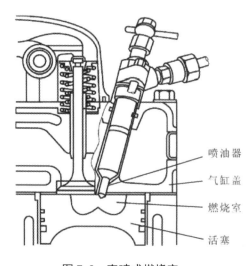

图 7-3 直喷式燃烧室

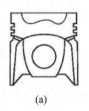 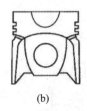 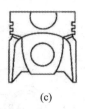

图 7-4 直喷式燃烧室的不同形式

(a) W 形燃烧室 ; (b) U 形燃烧室; (c) 球形燃烧室

2. 分隔式燃烧室

分隔式燃烧室的容积被一分为二,一部分位于气缸盖中,另一部分则在气缸内。在气缸内的部分称为主燃烧室,位于气缸盖中的部分称副燃烧室,主、副燃烧室之间用通道连通。分隔式燃烧室又分为预燃式燃烧室和涡流式燃烧室。

(1) 预燃式燃烧室。

预燃式燃烧室由预燃室和主燃烧室两部分组成,如图 7-5 所示。预燃室在气缸盖内,占压缩容积的 25%～40%,有一个或数个通孔与主燃烧室连通。燃油喷入预燃室中着火后,预燃室中的压力和温度迅速升高,巨大压力差将混合气高速喷入主燃烧室,在主燃烧室内形成强烈的燃烧紊流,促使大部分燃料在主燃烧室内和大部分空气混合后燃烧。

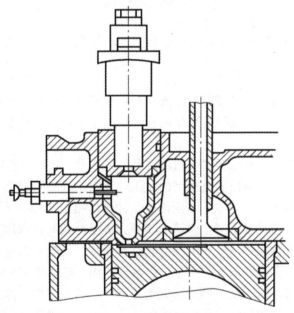

图 7-5 预燃式燃烧室

(2) 涡流式燃烧室。

涡流式燃烧室由涡流室和主燃烧室组成,如图 7-6 所示。涡流室位于气缸盖上方,呈球形或倒钟形,占总压缩容积的 50%～80%,有切向通道与主燃烧室相通。喷入涡流室的燃油大部分在涡流室内燃烧,未燃部分在做功行程初期与高压燃气一起,通过切向孔道喷入主燃烧室,进一步与空气混合后燃烧。

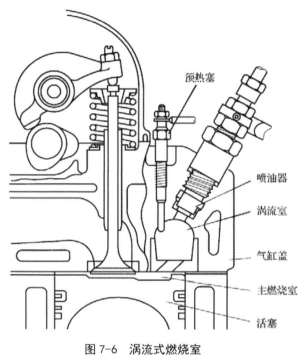

图 7-6　涡流式燃烧室

7.4　柴油发动机燃料供给系统的主要部件

1. 喷油器

喷油器的作用是将燃油雾化成细微的油滴，并将其喷射到燃烧室内特定的部位。喷雾应有一定的贯穿距离和锥角，以及良好的雾化质量，而且在喷油结束时不发生滴漏现象。喷油器的结构如图 7-7 所示。

喷油器主要有孔式喷油器和轴针式喷油器两种，它们的工作原理相同。

当喷油器工作时，喷油泵输出的高压柴油从进油管接头经过喷油器体与针阀体中的油孔道，进入针阀中部周围的环状空间——高压油腔。油压作用在针阀的承压锥面上，形成一个向上的轴向推力。当此推力克服了调压弹簧的预紧力以及针阀与针阀体间的摩擦力后，针阀即上移而打开喷孔，高压柴油便从针阀下端的喷油孔喷出。当喷油泵停止供油时，由于油压迅速下降，针阀在调压弹簧作用下及时回位，将喷孔关闭，喷油器停止喷油。

当喷油泵停止供油时，高压油道内的压力迅速下降，针阀在调压弹簧作用下及时回位，将喷孔关闭，停止喷油。针阀的开启压力（喷油压力）取决于调压弹簧的预紧力。不同的发动机有不同的喷油压力要求，可通过调压螺钉调整。

在喷油器工作期间，会有少量柴油从针阀与针阀体之间的间隙缓慢泄漏。这部分柴油对针阀有润滑作用，并沿顶杆周围空隙上升，通过调压垫片中间的油孔进入回油管，然后流回油箱。

(1) 孔式喷油器。

孔式喷油器的特点是喷油器的针阀不直接伸出喷孔，喷油器头部的喷孔小且多，一般喷孔有 1～8 个，直径为 0.2～0.5 mm。孔式喷油器的结构如图 7-8 所示，其中针阀和针阀体合称为针阀偶件。针阀上部的圆柱面与针阀体相对应的内圆柱面为高精度的滑动配合，配合间隙为 0.002～0.003 mm。针阀偶件是经过选配和研磨而保证其配合精度的，维修过程中针阀偶件不能互换。

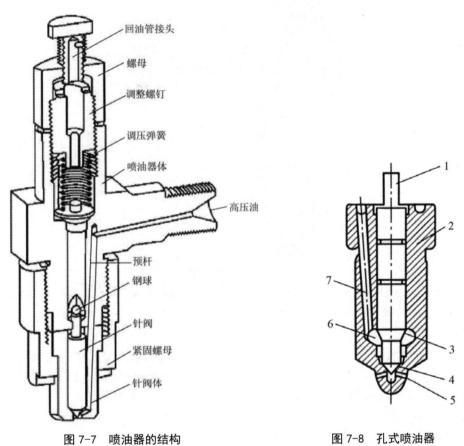

图 7-7 喷油器的结构

图 7-8 孔式喷油器

1—针阀；2—针阀体；3—承压锥面；4—密封锥面；
5—喷孔；6—压力室；7—进油道

(2) 轴针式喷油器。

轴针式喷油器的特点是喷油器的针阀伸出喷孔，喷孔一般只有一个，直径也较大，可达 1～3 mm。轴针式喷油器的结构如图 7-9 所示。工作时轴针在喷孔中上下运动，能清除喷孔积炭。

轴针式喷油器的针阀下端有两个圆锥面，较大的圆锥面位于针阀体的环形油槽中，较小的圆锥面与针阀下端的圆锥面相配合，起阀门的作用，以打开或切断高压柴油与燃烧室的通路。针阀最下端有一段圆柱形部分和一段倒锥体，称为轴针。

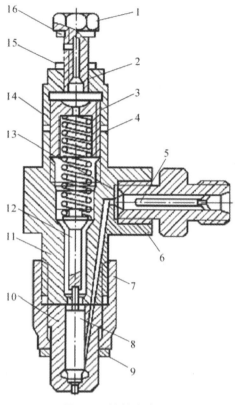

图 7-9 轴针式喷油器

1—回油管螺钉；2—调压螺钉护帽；3—调压螺钉；4，9，13，15，16—垫圈；5—滤芯；6—进油管接头；7—紧固螺套；8—针阀；10—针阀体；11—喷油器体；12—顶杆；14—调压弹簧

2. 输油泵

输油泵的作用是保证低压油路中柴油的正常流动，克服柴油滤清器和管路中的阻力，并以一定的压力向喷油泵输送充足的柴油。输油泵的输油量约为柴油发动机全负荷最大耗油量的 3~4 倍。输油泵的结构形式有活塞式、转子式、滑片式、齿轮式等。

活塞式输油泵的结构如图 7-10 所示。

活塞式输油泵的工作原理如图 7-11 所示。

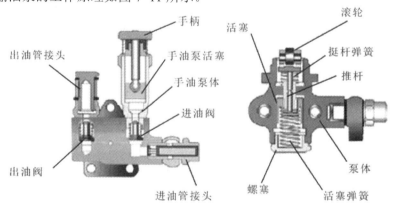

图 7-10 活塞式输油泵的结构

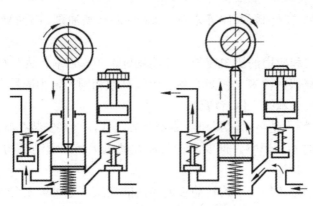

图 7-11 活塞式输油泵的工作原理

①吸油和压油行程。偏心轮转过，活塞上行，下泵腔容积增大，产生真空，进油阀开启，柴油经进油口进入下泵腔。同时上泵腔容积缩小，压力增大，出油阀关闭，上泵腔中的柴油经出油口压出。

②准备压油行程。偏心轮推动滚轮、挺杆和活塞向下运动，下泵腔油压增大，进油阀关闭，出油阀开启，柴油从下泵腔流入上泵腔。当输油泵供油量大于喷油泵需要量时，上泵腔油压增大，与活塞弹簧弹力相平衡，活塞便停止泵油。输油量的自动调节如图 7-12 所示。

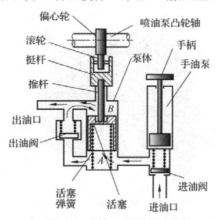

图 7-12 输油量的自动调节

3. 喷油泵

喷油泵的作用是定时、定量地向喷油器输送高压燃油。

多缸柴油发动机的喷油泵应保证具有以下特点。

①喷油泵的供油次序应符合柴油发动机各气缸的工作次序。

②喷油泵应根据柴油发动机工作负荷的大小，供给所需的循环供油量。

③根据柴油发动机燃烧室的形式和可燃混合气形成方法的不同，喷油泵必须向喷油器提供足够压力的燃油来保证良好的雾化质量。

④喷油泵应保证各缸供油量均匀。不均匀度在标定工况下不大于 3%～4%。

⑤各气缸供油提前角应一致，相差不大于 0.5°。

⑥喷油泵应断油迅速，并能根据加速踏板的位置通过操纵杆方便地增加或减少循环供油量。

汽车用柴油发动机的喷油泵大体可分为三类：柱塞式喷油泵、喷油泵-喷油器和转子分配式喷油泵。

柱塞式喷油泵发展和应用的历史较长，性能良好，工作可靠，为目前大多数汽车柴油发动机所采用。但其精密偶件较多（和柴油发动机气缸数相同），当应用在小功率柴油发动机上时，所占柴油发动机成本的比例将增加。

喷油泵-喷油器的特点是将喷油泵和喷油器合成一体，直接安装在柴油发动机气缸盖上，以消除高压油管带来的不利影响，但要求在柴油发动机上另加驱动机构。应用于 PT 燃料供给系统的喷油器即属于此类。

转子分配式喷油泵是依靠转子的转动实现燃油的增压（泵油）及分配的。它只用一组精密偶件，具有体积小、质量小、成本低、使用方便等优点，尤其是体积小，对柴油发动机和汽车的整体布置是十分有利的。

（1）柱塞式喷油泵。

柱塞式喷油泵由泵体、分泵（泵油机构）、油量调节机构、传动机构等四部分组成。泵体是喷油泵的骨架，所有的零部件都通过它组合在一起，构成喷油泵整体。泵体在工作中还承受很大的负荷，因此泵体要有足够的强度、刚度，而且密封性要好，拆装要方便。柱塞式喷油泵的结构如图 7-13 所示。

图 7-13 柱塞式喷油泵的结构

分泵是喷油泵的主要部分，又称泵油机构。整个喷油泵中有结构和尺寸完全相同的若干个分泵，其数目与柴油发动机气缸数相等。分泵由柱塞偶件、出油阀偶件、油量调节机构和驱动机构等组成，其结构如图 7-14 所示。

柱塞偶件和出油阀偶件是喷油泵中两对重要的精密偶件，均用优质合金钢制造，并经过精密加工和选配。柱塞偶件是产生高压油的压油元件。出油阀偶件是为在喷油结束后使高压油管卸载，以及在两次喷油间隔内把高压及低压油路分开而设置的。

柱塞偶件由柱塞和柱塞套组成，两者配合间隙极小，为 0.0018～0.003 mm，需经精密磨削加工后再经选配研磨而成，故称它们为偶件。柱塞套被压紧在泵体上，在其上部开有进油孔。柱塞偶件的结构如图 7-15 所示。

出油阀偶件由出油阀和出油阀座组成。它是一个单向阀。出油阀偶件也是一对精密偶件，出油阀导向面和减压环带与出油阀座内表面的径向间隙为 0.006～0.016 mm，使用中也不允许互换。出油阀偶件的结构如图 7-16 所示。

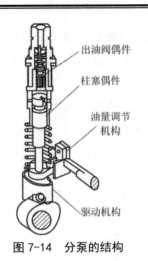 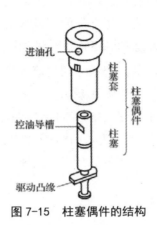 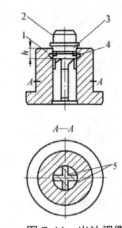

图 7-14 分泵的结构　　　　图 7-15 柱塞偶件的结构　　　　图 7-16 出油阀偶件

1—出油阀座；2—出油阀；3—圆锥面；
4—减压环带；5—十字切槽

出油阀的下部横截面呈"十"字形，既有导向作用，又能使柴油通过。出油阀的锥面下有一个小的圆柱面，称为减压环带（是出油阀的径向滑动密封面）。其作用是在供油终了时，使高压油管内的油压迅速下降，避免喷孔处产生滴油现象。当减压环带落入出油阀座内时，则分泵上方容积迅速增大、压力迅速减小，因此停喷迅速。出油阀的尾部为出油阀座，内孔做滑动配合，为出油阀的运动导向。出油阀偶件位于柱塞套上面，二者的接触平面要求严密配合。压紧座以规定力矩拧入后，通过高压密封垫圈将出油阀座与柱塞套压紧，同时使弹簧将出油阀紧压在阀座上。密封垫圈可防止高压燃油泄漏，其厚度可影响出油阀的弹簧预紧力，不可随意改变。出油阀压紧座与泵体上端面间的低压密封圈可防止低压燃油从螺纹处向外泄漏。

柱塞式喷油泵的泵油原理如图 7-17 所示，其工作过程包含进油过程、供油过程和回油过程。

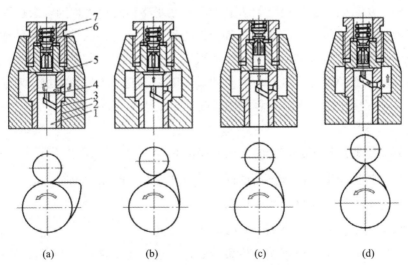

图 7-17 柱塞式喷油泵的泵油原理
(a) 进油；(b) 压油开始；(c) 压油；(d) 压油结束
1—柱塞；2—柱塞套；3—斜槽；4—柱塞套油孔；5—出油阀座；6—出油阀；7—出油阀弹簧

①进油过程。当凸轮的凸起部分转过去后,在弹簧力的作用下,柱塞向下运动,柱塞上部空间(称为泵油室)产生真空度。当柱塞上端面把柱塞套上的进油孔打开后,油泵体上油道内的柴油经油孔进入泵油室。柱塞运动到下止点时进油过程结束。

②供油过程。当凸轮轴转到凸轮的凸起部分顶起滚轮体时,柱塞弹簧被压缩,柱塞向上运动,燃油受压,一部分燃油经油孔流回喷油泵的油腔内。当柱塞顶面遮住套筒上进油孔的上缘时,柱塞和套筒的配合间隙很小,使柱塞顶部的泵油室成为一个密封油腔。柱塞继续上升,泵油室内的油压迅速升高,当泵油压力大于出油阀弹簧力与高压油管剩余压力之和时,出油阀被推开。当出油阀的圆柱形减压环带离开出油阀座孔时,高压柴油经出油阀进入高压油管,通过喷油器喷入燃烧室。

③回油过程。柱塞向上供油,当上行到柱塞上的斜槽(停供边)与套筒上的回油孔相通时,泵油室低压油路便与柱塞头部的中孔、径向孔和斜槽沟相通,油压骤然下降。出油阀在弹簧力的作用下迅速关闭,停止供油。此后,柱塞还要上行。当凸轮的凸起部分转过去后,在弹簧的作用下,柱塞又下行,此时便开始了下一个循环。

柱塞式喷油泵的柱塞运动有四个行程。

①预备行程。柱塞从下止点上行到其上端面将油孔完全关闭时所移动的距离称为预备行程,由发动机对供油提前角的要求所决定。出油阀开启瞬间所对应的曲拐位置至上止点间的曲轴转角为供油提前角。

②减压行程。从预备行程结束到出油阀开启(出油阀上圆柱形减压环带离开出油阀座孔)时柱塞上升的距离称为减压行程,取决于出油阀圆柱形减压环带下沿至密封锥面的距离。

③有效行程。从出油阀开启到柱塞斜槽上线打开回油孔时柱塞移动的距离称为有效行程,取决于斜槽上线相对于回油孔的位置。

④剩余行程。从有效行程结束至到达上止点时柱塞移动的距离称为剩余行程。

喷油泵每次喷出的油量多少取决于有效行程的长短。因此,欲使喷油泵能随发动机工况不同而改变供油量,只需改变有效行程,一般通过改变柱塞斜槽与柱塞套上油孔的相对位置来实现。将柱塞转一个角度,有效行程和供油量即随之改变。当柱塞直槽正对回油孔时,柱塞根本不可能完全封闭油孔,有效行程为零,喷油泵处于不泵油状态。

柱塞运动有如下特点。

①柱塞往复运动的总行程是不变的,由凸轮的升程决定。

②柱塞每循环的供油量取决于供油过程。供油过程不受凸轮轴控制,是可变的。

③供油开始时刻不随供油过程的变化而变化。

④转动柱塞可改变供油终了时刻,从而改变供油量。

供油量调节机构的作用是根据发动机负荷变化,通过转动柱塞来改变每循环的供油量。如图7-18所示。

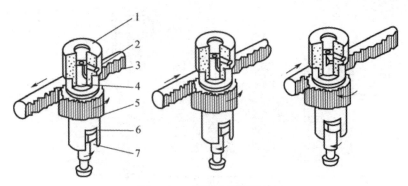

图 7-18 供油量调节机构

1—柱塞套；2—进回油孔；3—调节齿杆；4—喷油泵柱塞；5—调节齿圈；6—控制套筒；7—柱塞榫舌

（2）转子分配式喷油泵。

转子分配式喷油泵又称 VE 型喷油泵，是一种轴向压缩式分配泵，主要由泵体、泵盖、滑片式输油泵、泵油机构、断油电磁阀和喷油提前器等组成，结构如图 7-19 所示。

转子分配式喷油泵的关键部件是泵油机构。泵油机构主要由柱塞、柱塞套、油量调节套筒、柱塞弹簧和出油阀偶件等组成，如图 7-20 所示。

转子分配式喷油泵为各气缸喷油嘴供油的过程可分为进油、泵油、回油和均压四个过程。

①进油过程。当平面凸轮盘的下凹部分转到与滚轮接触时，在柱塞弹簧的作用下，柱塞向左移动接近终点，泄油孔逐渐被油量调节套筒所封闭。当柱塞的一个进油槽与柱塞套的进油孔相对时，泵腔中的燃油便进入柱塞中心油道。柱塞进油槽与柱塞套的进油孔错开时，进油结束。进油过程如图 7-21（a）所示。

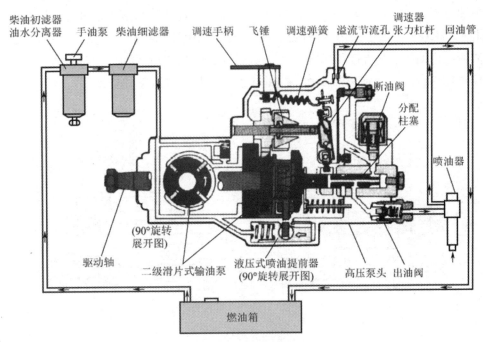

图 7-19 转子分配式喷油泵的结构示意图

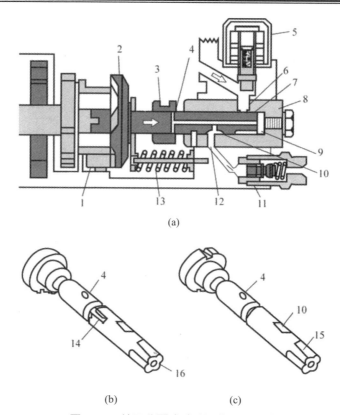

图 7-20 转子分配式喷油泵的泵油机构

1—滚轮；2—平面凸轮盘；3—油量调节套筒；4—泄油孔；5—断油电磁阀；6—进油孔；7—柱塞；8—柱塞套；9—压油腔；10—出油槽；11—出油阀偶件；12—出油孔；13—柱塞弹簧；14—压力平衡槽；15—进油槽；16—中心油道

②泵油过程。当平面凸轮盘由下凹部分向凸起部分转动到与滚轮接触时，柱塞由左向右运动。此时，柱塞中心油道的油压急剧升高。当柱塞的出油槽与柱塞套的一个出油孔相对时，高压燃油便经出油孔、出油阀和高压油管，到达相应气缸的喷油器中。泵油过程如图 7-21（b）所示。柱塞每转一周，分别进油 4 次，出油 4 次，向每个气缸喷油一次。

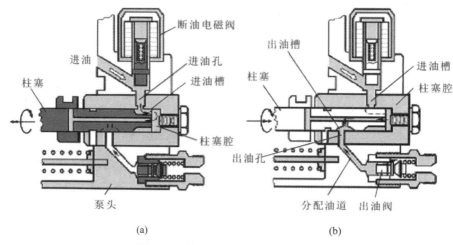

图 7-21 转子分配式喷油泵的工作过程

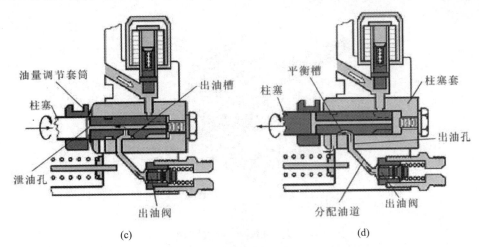

续图 7-21

③回油过程。柱塞在平面凸轮盘的作用下继续右移。当柱塞的泄油孔露出油量调节套筒，与泵腔相通时，柱塞中心油道中的高压油便流回泵腔，油压急剧下降，供油结束。回油过程如图 7-21（c）所示。

④均压过程。在柱塞上有一压力平衡槽，位于出油槽和泄油孔之间，与出油槽成 180°夹角。在某一气缸供油停止之后，当柱塞继续旋转至压力平衡槽对准相应气缸的分配油道时，分配油道与喷油泵体内腔相通，于是两处的油压趋于平衡。均压过程如图 7-21（d）所示。

柱塞从出油槽与柱塞套出油孔接通到关闭的行程称为柱塞的有效行程。有效行程越大，供油量越多。移动油量调节套筒的位置，即可改变柱塞的有效行程，从而改变喷油泵的供油量。在柱塞旋转过程中，压力平衡槽与各气缸分配油道逐个相通，使各分配油道内的压力均衡一致，从而可以保证各气缸供油的均匀性。

转子分配式喷油泵装有断油电磁阀。在发动机起动和运转时，蓄电池的电源加在电磁阀电磁线圈上后，阀门开启，进油孔打开，燃油进入泵油机构，如图 7-22（a）所示。当发动机需要停止运转时，将起动开关旋至"OFF"位置，电路断开，阀门关闭，切断油路，喷油泵停止供油，如图 7-22（b）所示。

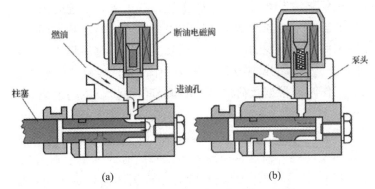

图 7-22 断油电磁阀的工作过程示意图

转子分配式喷油泵的喷油提前器属于液压式，其结构如图 7-23 所示。

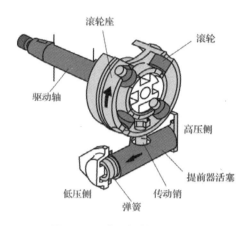

图 7-23 喷油提前器的结构

滚轮座通过传动销和连接销与提前器活塞相连接，活塞右端有一小孔与泵体内腔燃油相通。活塞左端安装有弹簧，与滑片式输油泵的进油腔相通。当发动机稳定运转时，活塞左右两端压力平衡，活塞和滚轮座不动。当发动机转速增加时，滑片式输油泵运转加快，泵腔油压升高，使提前器活塞的右端压力大于左端压缩弹簧弹力，活塞左移，并通过传动销带动滚轮座顺时针旋转（逆着驱动轴方向旋转），导致滚轮提早顶起平面。发动机转速越高，泵腔燃油压力也越大，活塞左移越多，喷油也越早。

（3）调速器。

理论上，喷油泵每个工作循环的供油量主要取决于供油拉杆的位置。当供油拉杆位置一定时，每一循环的供油量应不变。但实际上，供油量还受发动机转速的影响。当发动机转速增加、喷油泵柱塞移动速度加快时，柱塞套上油孔的节流作用也随之增大。于是在柱塞上行时，即使柱塞上沿未完全封闭油孔，由于燃油一时来不及从油孔挤出，泵腔内油压也会增加，出油阀提早开启，供油开始时刻提前，造成喷油器早喷。同理，在柱塞上移到其斜槽已经与油孔接通之后，泵腔内油压一时还来不及下降，出油阀延迟关闭，使供油停止时间延后，造成喷油器晚停。这样，即使供油拉杆位置不变，随着发动机转速的增大，柱塞的实际供油有效行程略有增加，供油量也略有增大。反之，随发动机转速降低，供油量略有减少。

在供油拉杆位置不变时，喷油泵每一循环的供油量随转速变化的关系称为喷油泵的速度特性。喷油泵速度特性使柴油发动机在高速时出现飞车现象，低速时出现熄火现象。可见，由于喷油泵速度特性的影响，柴油发动机在工作中会出现运转不稳定的现象，这种不稳定现象往往是由于偶然原因而突然出现的。对此，驾驶员几乎不可能事先估计到并且及时操纵供油拉杆加以调节。因此，为保证柴油发动机正常工作，柴油发动机一般都装有调速器。调速器的作用是在发动机工作时，根据负荷情况自动调节供油量，以稳定柴油发动机转速，避免发生飞车和熄火现象。

按工作原理，调速器可分为机械离心式调速器（汽车用柴油发动机）、真空膜片式调速器（少数小功率柴油发动机）和复合调速器（机械离心式和真空膜片式合为一体）三种。目前在常见的柴油发动机上应用最广的是机械离心式调速器，这种调速器结构复杂，但工作可靠，性能良好。

较简单的机械离心式调速器由飞锤、滑套、调速弹簧和调速杠杆等组成，其基本原理如

图 7-24 所示。

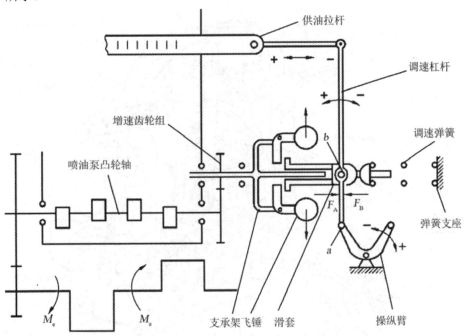

图 7-24 机械离心式调速器基本原理

机械离心式调速器都是由离心元件（飞球或飞块）、调速弹簧和传动机构三大部分组成。离心原件用来感应柴油发动机的速度变化。当柴油发动机负荷一定时，离心元件在某一转速下产生的离心力与调速弹簧的弹力平衡。当柴油发动机负荷不变，阻力减小使柴油发动机转速升高时，离心元件产生的离心力增大，通过传动机构克服调速弹簧的弹力，带动喷油泵供油齿条向减油方向移动，从而使柴油发动机转速下降。反之，当柴油发动机转速下降时，离心元件产生的离心力减小，调速弹簧的弹力大于离心力，调速弹簧通过传动机构推动喷油泵供油齿条向加油方向移动，从而使柴油发动机转速上升。在柴油发动机负荷不变时，调速器在其工作速度范围内，根据柴油发动机转速的变化情况自动调节喷油泵的供油量，从而使得柴油发动机在一个相对稳定的转速范围内运转。按调节作用范围的不同，机械离心式调速器分为两速调速器和全速调速器两种。

① 两速调速器。

两速调速器适用于一般条件下使用的汽车柴油发动机，且只能自动稳定和限制柴油发动机的最低和最高转速，所有中间转速则由驾驶员控制。换言之，它能使柴油发动机具有平稳的怠速，防止游车或熄火现象，又能限制柴油发动机不超过某一最大转速，避免出现飞车现象。至于中间转速，则可通过人工调节供油量来控制。

RAD 型两速调速器如图 7-25 所示。

RAD 型两速调速器安装在直列式喷油泵的后端，两个飞块安装在喷油泵凸轮上。转速的变化将使飞块张开或收拢，并使滑套向右或向左移动。控制杠杆通过偏心轴与支撑杠杆相连接，从而可带动浮动杠杆下端传动。浮动杠杆上端与供油量调节齿条连接。当供油量调节齿条右移时，油量减小；反之，油量增大。RAD 型两速调速器的安装结构示意图如图 7-26 所示。

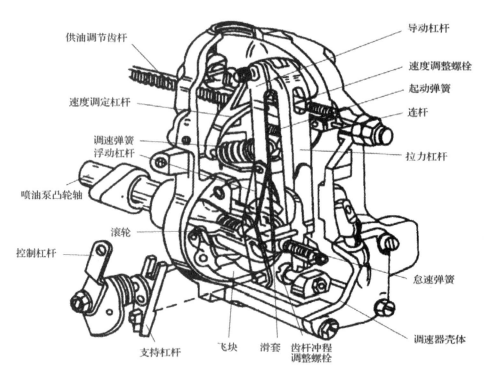

图 7-25 RAD 型两速调速器

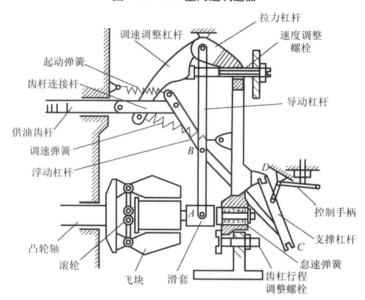

图 7-26 RAD 型两速调速器的安装结构示意图

两速调速器的工作原理如下。

当发动机不工作时,在起动弹簧的作用下,浮动杠杆、导动杠杆和滑套共同使飞块处于闭合状态。发动机起动前,将控制杠杆推至全负荷供油位置Ⅰ,此时支持杠杆绕 D 点沿逆时针方向转动,使浮动杠杆绕 B 点也沿逆时针转动,所以浮动杠杆通过连杆推动供油齿条向加油方向移动。起动弹簧的作用就是将浮动杠杆和导动杠杆拉向最左端极限位置，在发动机起动前使飞块闭合，使供油齿条越过全负荷供油位置而达到发动机起动时的最大供油位置（起动加浓位置）。

柴油发动机起动后，将控制杠杆拉到怠速位置Ⅱ。飞块在离心力作用下张开，并通过滚轮给滑套一个轴向推力，使滑套向右移动，从而压缩怠速弹簧。同时，起动弹簧也被进一步拉伸。当怠速弹簧和起动弹簧的弹力之和与飞块离心力在轴向方向的分力平衡时，供油齿条保持在某一位置，柴油发动机即在某一相应的转速下稳定运转。

柴油发动机怠速工作时，如果外界阻力减小使其怠速转速升高，飞块离心力将增大，滑套右移，通过导动杠杆、浮动杠杆和连杆使供油齿条向减油方向移动，从而使柴油发动机转速下降。反之，当柴油发动机转速下降时，飞块离心力将减小，在怠速弹簧和起动弹簧的弹力作用下，供油齿条向加油方向移动，柴油发动机转速上升。通过调整怠速弹簧的预紧力，可以调整柴油发动机的怠速稳定转速。

若柴油发动机转速在怠速和额定转速之间，此时调速器不起作用，供油量的调节由驾驶员人为控制。当柴油发动机转速超过怠速转速时，怠速弹簧被完全压入到拉力杠杆内，滑套直接顶在拉力杠杆上，此时怠速弹簧不起作用。由于拉力杠杆被弹力很大的调速弹簧拉住，在柴油发动机转速低于额定转速时，飞块离心力不能推动拉力杠杆，故导动杠杆的位置保持不动，即 B 点位置不会移动。若控制杠杆位置一定，则浮动杠杆的位置也固定不动。因此，供油调节齿杆的位置保持不动，即供油量不会改变。若此时需要改变供油量，驾驶员需改变控制杠杆的位置。由此可见，在全部中间转速范围内，调速器不起作用，供油量的调节由人工控制。当柴油发动机转速超过额定转速时，飞块离心力就能克服调速弹簧的拉力，使滑套和拉力杠杆向右移动，浮动杠杆通过连杆带动供油齿条向减油方向移动，从而限制柴油发动机的最高转速。改变调速弹簧的预紧力，就可以调节调速器所能限定的柴油发动机最高转速。顺时针拧紧速度调整螺栓时，调速弹簧的预紧力增大，柴油发动机的最高转速增大，反之减小。

②全速调速器。

如图 7-27 所示，国产 A 型喷油泵上采用的 RSV 型全速调速器与 RAD 型两速调速器基本相同。但为了实现在柴油发动机工作转速内全速调节控制，RSV 型全速调速器在拉力杠杆的下端设有转矩校正加浓装置。该装置由校正弹簧和转矩校正器顶杆组成，以便在发动机超负荷时使用，采用了弹力可调的调速弹簧而没有专门的怠速弹簧。但在拉力杠杆的中部增设怠速稳定弹簧，使怠速运转平稳。调速弹簧的弹簧摇臂上装有调整螺钉，它可以调整调速弹簧安装时预紧力的大小，以便保证调速弹簧在长期使用过程中保持高速作用点的准确性。在拉力杠杆的下端增设可调的全负荷供油量限位螺钉，以限制拉力杠杆的全负荷位置。在拉力杠杆上方后面的壳体上装有怠速调整螺钉，用来调整怠速的大小，并限制弹簧摇臂向低速摆动的位置。

在发动机起动前，起动弹簧的预拉力通过浮动杠杆、导动杠杆和调速套筒使飞块处于向心极限位置，如图 7-28 所示。

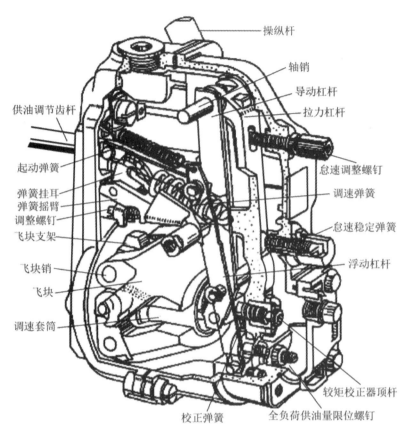

图 7-27 RSV 型全速调速器

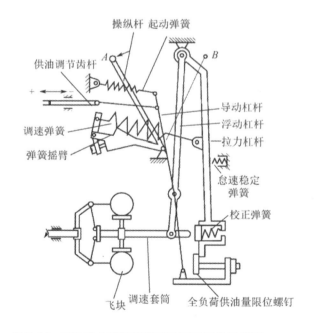

图 7-28 RSV 型全速调速器起动工况工作示意图

发动机起动时，驾驶员将加速踏板踩到极限位置，使操纵杆接触高速限位螺钉而置于起动加浓位置 A，浮动杠杆把供油调节齿杆向左推至起动供油位置，使柴油发动机顺利起动。如图 7-29 所示，在怠速工况下，柴油发动机起动后，驾驶员松开加速踏板，操纵杆转至怠速位置。此时，调速弹簧处于放松状态，飞块的离心力通过调速套筒推动导动杠杆向右偏转，并带动浮动杠杆以下端为支点沿顺时针方向摆动，克服起动弹簧的弹力将供油调节齿杆拉到怠速位置。同时，调速套筒通过校正弹簧使拉力杠杆向右摆动，其背部与怠速稳定弹簧相接触，怠速的稳定平衡状态由调速弹簧、怠速稳定弹簧和起动弹簧共同保持。

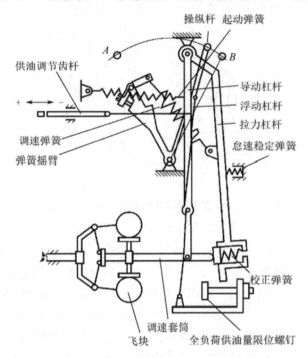

图 7-29 RSV 型全速调速器怠速工况工作示意图

若怠速时转速升高，飞块的离心力增大，则怠速稳定弹簧受到更大的压缩，浮动杠杆带动供油调节齿杆向减少供油的方向移动，限制柴油发动机转速上升。若怠速时转速降低，怠速稳定弹簧推动拉力杠杆向左摆动，通过调速套筒、导动杠杆和浮动杠杆使供油调节齿杆向增加供油的方向移动，使柴油发动机转速稳定在设定的怠速值。

当负荷减小、转速升高时，飞块离心力增大，调速套筒推动拉力杠杆向右摆动，同时通过导动杠杆和浮动杠杆使供油调节齿杆向供油减少的方向移动，使柴油发动机转速不再升高，从而限制柴油发动机的最高转速。

在一般工况下，当驾驶员将操纵杆置于怠速与额定工况之间的任一位置时，调速弹簧的预拉力一定，柴油发动机便在相应的某一转速下稳定运转。此时，拉力杠杆还没有触及到全负荷供油量限位螺钉。当柴油发动机转速改变时，飞块离心力与调速弹簧作用力的平衡被破坏，调速套筒产生轴向位移，并通过导动杠杆和浮动杠杆带动供油调节齿杆轴向移动，自动减少或增加供油量，以维持柴油发动机在给定的某一转速下稳定运转。

柴油发动机在额定工况下工作时，供油调节齿杆位于全负荷供油位置，如图 7-30 所示。

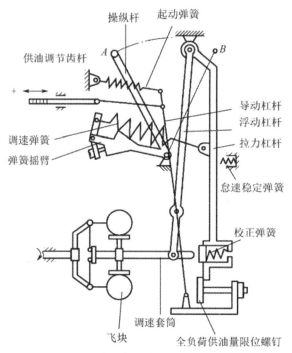

图 7-30 RSV 型全速调速器额定工况工作示意图

当外界阻力增加、柴油发动机转速低于额定转速时，调速弹簧拉力大于飞块的离心力，所以拉力杠杆接触全负荷供油量限位螺钉，调速器不起作用。此时，由于飞块离心力减小，被压缩的校正弹簧开始伸张，将调速套筒向左推移，带动导动杠杆和浮动杠杆向左偏摆，将供油调节齿杆向供油量增加的方向移动，柴油发动机的输出转矩增加，同时也限制了转速的进一步降低。反之，柴油发动机转速升高时，校正弹簧被压缩，供油调节齿杆向供油减小的方向移动，柴油发动机输出转矩降低，并限制转速的进一步升高。当转速升到额定转速时，校正弹簧被压缩到极限位置，校正作用结束。当转速超过额定转速时，飞块的离心力大于调速弹簧的作用力，调速套筒直接接触拉力杠杆使其向右摆动，调速器开始起作用，限制最高转速。由此可见，转速校正装置只在转速低于额定转速时的一定范围内起作用。

需要停车时，驾驶员将调速器操纵杆转至最右边的停车位置，拨动供油调节齿杆，使之右移至停油位置，喷油泵停止供油，柴油发动机熄火停车。

任务二　柴油发动机燃料供给系统电子控制燃油喷射技术简介

7.5　柴油发动机电子控制系统概述

柴油发动机电子控制系统是在解决能源危机和排放污染两大难题的背景下，在飞速发展的电子控制技术平台上发展起来的。汽油发动机电子控制系统的发展为柴油发动机电子控制系统的发展提供了宝贵经验。

柴油发动机电子控制系统的开发研究从20世纪70年代开始。随着微电子技术的发展，8位微处理器开始应用在汽车电子控制系统中，柴油发动机也开始了电子控制的进程。从结构和功能的角度看，柴油发动机的电子控制系统包括燃料供给系统的电子控制（这也是柴油发动机电子控制的核心问题）和柴油发动机空气系统的电子控制。后者包括增压压力（可变截面涡轮）控制系统、排气再循环（EGR）控制系统，以及为了满足未来更加严格的排放法规而开发的排放后处理电子控制系统。这些电子控制系统使得柴油发动机在动力性、经济性和排放性能等方面都取得了巨大的进步，是继20世纪20年代用机械喷射代替空气喷射、20世纪50年代采用排气涡轮增压技术之后，柴油发动机技术的第三次里程碑式的进步。目前，轿车柴油发动机在保证经济性（每行驶100 km耗油3 L）的同时，还能保证排放达到欧Ⅲ、欧Ⅳ甚至更好的排放标准。

在柴油发动机的电子控制系统中，最早研究并实现产业化的是电子控制燃油喷射系统，简称电控燃油喷射系统。随着排放法规的加严以及加工和制造技术的进步，先后出现了三代电控燃油喷射系统：位置控制式、时间控制式和时间-压力控制式（压力控制）。这些电控燃油喷射系统又是在不同的机械式燃油喷射系统的基础上发展起来的，从而形成了多种类型的电控燃油喷射系统。

（1）第一代电控燃油喷射系统（位置控制式）。

第一代电控燃油喷射系统保留了传统柴油发动机燃料供给系统的基本组成和结构，只是取消了机械控制部件（调速器等），增加了传感器和ECU执行器等组成的控制系统，使控制精度和响应速度得以提高。

优点：柴油发动机的结构几乎不需改动，便于对现有柴油发动机进行升级、换代。

缺点：响应慢，控制精度不高，供油压力不能控制。

在直列柱塞泵上应用这种系统的有日本电装公司的ECD－P1、ECD－P2和ECD－P3系统，德国波许公司的EDR系统，美国的PEEC系统等。

在分配泵上应用这种系统的有日本电装公司的ECD－Ⅵ系统，德国波许公司的EDC系统，美国的PCF系统等。

（2）第二代电控燃油喷射系统（时间控制式）。

第二代电控燃油喷射系统基本保留了传统燃料供给系统的组成和结构，通过高速电磁阀直接控制高压燃油的适时喷射。一般情况下，电磁阀关闭，开始喷油；电磁阀打开，喷油结束。这样既可实现供油量的控制，又可实现供油正时的控制。

优点：控制自由度更大，供油加压与供油调节在结构上相互独立，使喷油泵结构得以简化，强度得到提高，高压喷油能力大大加强。

缺点：供油压力无法控制。

在分配泵上应用这种系统的有日本电装公司的ECD－V3系统，美国思耐达公司的DS型和RS型系统等。在电控泵上应用此系统有德国波许公司的PDE27/PDE28系统等。

（3）第三代电控燃油喷射系统（时间-压力控制式）。

第三代电控燃油喷射系统是国外于20世纪90年代中期研制的一种新型柴油发动机电控技术，它基本改变了传统燃料供给系统的组成和结构，主要以电控共轨式（各气缸、喷油器共用一个高压油管）燃油喷射系统直接对喷油器的喷油量、喷油正时、喷油速率、喷油规律和喷油压力等进行时间-压力控制。油泵并不直接控制喷油，而仅仅向共轨供油，以维持所需的共轨压力，并通过连续调节共轨压力来控制喷射压力。

优点：可实现高压喷射（最高达 200 MPa），喷射压力独立于发动机转速，可实现理想喷油规律，具有良好的喷射特性。

这种系统是柴油发动机燃油供给系统的一个发展方向，目前在卡车和轿车柴油发动机上得到了广泛应用，发展速度十分惊人。国外典型的电控共轨式燃油喷射系统有日本电装公司的 ECD－U2 系统，美国 BKM 公司的 Servo jet 系统，美国卡特彼勒公司的 HEUI 系统等。

7.6 柴油发动机电控燃油喷射系统的优点

1. 改善低温起动性

电控系统能够以最佳的程序替代驾驶员进行麻烦的起动操作，使柴油发动机低温起动更容易。

2. 降低氮氧化物和烟度的排放

采用电控燃油喷射系统，可精确地将喷油量控制在不超过冒烟界限的适当范围内，同时根据发动机状况调节喷油时刻，从而有效地降低氮氧化物的排放。

3. 提高发动机运转的稳定性

采用电控燃油喷射系统，无论负荷怎样变化，都能保证发动机在怠速工况下以最低的转速稳定运转。

4. 提高发动机的动力性和经济性

柴油发动机电控燃油喷射系统中，ECU 根据传感器信号精确计算喷油量和喷油正时，从而提高发动机的动力性和经济性。

5. 控制涡轮增压

采用电控燃油喷射系统可以对增压装置进行精确控制。

6. 适应范围广

一种喷油泵只要改变 ECU 的控制程序和数据，就能广泛用在各种柴油发动机上。而且柴油发动机燃油喷射控制可与变速器控制、怠速控制等各种控制系统进行组合，以实现集中控制。这样有利于缩短柴油发动机电控系统的开发周期，并降低成本，从而扩大柴油发动机电控系统的应用范围。

7.7 柴油发动机电控燃油喷射系统的组成

柴油发动机电控燃油喷射系统除了控制喷油量外，对喷油正时和喷油压力（约 196 MPa）都有很高的要求。柴油发动机电控燃油喷射系统由传感器及其他信号输入装置、ECU 和执行器等三部分组成。

1. 传感器及其他信号输入装置

传感器及其他信号输入装置的作用是实时检测柴油发动机与汽车的运行状态，并把它输入到 ECU 中。在柴油发动机上使用的传感器及其他信号输入装置有以下几种。

（1）加速踏板位置传感器。

加速踏板位置传感器用以检测加速踏板的位置，即发动机的负荷信号。此信号输入 ECU 后，与转速信号共同决定柴油发动机的喷油量及喷油提前角，是柴油发动机电控燃油喷射系统的主控信号之一。

（2）转速传感器、曲轴位置传感器。

转速传感器、曲轴位置传感器用以检测发动机的转速和曲轴位置，与加速踏板位置传感器共同决定喷油量和喷油提前角，是柴油发动机电控燃油喷射系统的主控信号之一。

（3）泵角传感器。

泵角传感器用以检测喷油泵转角，与曲轴位置传感器配合共同控制喷油量，并保证在喷油正时改变时不影响喷油量。

（4）溢流环位置传感器。

溢流环位置传感器用以检测溢流控制电磁铁的电枢位置，以反馈控制溢流环的位置。

（5）正时活塞位置传感器。

正时活塞位置传感器用以检测电控定时器正时活塞的位置，将喷油正时提前量信号输入到 ECU 中。

（6）控制杆位置传感器。

控制杆位置传感器用以检测电控柱塞式喷油泵调速器中控制杆的位置，将燃油喷射量的增减信号反馈给 ECU。

（7）控制套筒位置传感器。

控制套筒位置传感器用以检测电控分配式喷油泵调速器中控制杆的位置，将燃油喷射量的增减信号反馈给 ECU。

（8）着火正时传感器。

着火正时传感器用以检测燃烧室开始燃烧的时刻，修正喷油正时。

（9）水温传感器。

水温传感器用以检测发动机冷却水的温度，修正喷油正时。

（10）进气压力传感器。

进气压力传感器用以检测进气压力，修正喷油量及喷油正时。

（11）进气温度传感器。

进气温度传感器用以检测进气温度，修正喷油量及喷油正时。

（12）E/G 开关。

E/G 开关是发动机点火开关，向 ECU 输出发动机工作状态信号。

（13）A/C 开关。

A/C 开关是空调开关，向 ECU 输出空调工作状态信号，是怠速控制信号之一。

（14）动力转向油压开关。

动力转向油压开关用以检测动力转向管路油压的变化，所获信号是怠速控制信号之一。

（15）空挡起动开关。

空挡起动开关向 ECU 输出自动变速器是否处于空挡位置的信号，此信号是怠速控制信号之一。

2. ECU

ECU 的核心是单片微机系统，同时包括一些输入/输出（I/O）接口电路和输出通道接口电路等。它们与系统中的软件一起负责信息的采集、处理、计算、决策和执行程序，并将结果作为控制指令输出到执行器。此外，ECU 还有一种通信的功能，即和其他控制系统，如转动装置执行器等进行数据传播与交换，再根据汽车其他系统的实时情况适当修正喷油系统的执行命令，比如适当修正喷油量、喷油提前角等。与此同时，ECU 还可以向其他控制系统输送必要的信息。

3. 执行器

柴油发动机电控燃油喷射系统的执行器是由执行电器和机械执行机构两部分组成的。其作用是根据 ECU 送来的执行命令调节喷油量和喷油正时等，从而调节柴油发动机的运行状态。执行器主要有电动调速器、溢流控制电磁铁、电子控制正时器、电磁溢流阀、高速电磁阀和电子液力控制喷油器等。这些执行器实质上是电磁铁、螺旋管、直流电动机、步进电动机和力矩电动机等电器。

7.8 柴油发动机电控燃油喷射系统的控制功能

1. 喷油量控制

喷油量的控制是柴油发动机电控燃油喷射系统的一项主要控制内容。ECU 根据加速踏板位置传感器和转速传感器的输入信号，首先计算基本喷油量，然后根据来自水温传感器、进气温度传感器、进气压力传感器和电动机等装置的信号对这个基本喷油量加以修正，再与来自控制套筒位置传感器的信号进行比较后产生与两者差值成比例的驱动电流，执行器再根据 ECU 输出的驱动电流进行操作，使油门拉杆移动到目标位置最后确定最佳喷油量。

2. 起动喷油量的控制

柴油发动机低温起动时，由于发动机的摩擦大，起动变得较慢。因此，低温起动时，必须加大喷油量，使柴油发动机产生的转矩大于自身的摩擦力矩，发动机才能顺利起动。在电控燃油喷射系统中，由油门和转速决定基本喷油量，由水温传感器等信号决定补偿油量，两者的综合结果就是起动喷油量。

3. 怠速控制

柴油发动机怠速运转不稳定，在机械式控制系统中可用两种调速器加以控制。在电控系统中，操作全部由 ECU 控制。ECU 根据加速踏板传感器、车速传感器的起动及转速等信号，可以决定怠速控制何时开始，再根据水温传感器、空调器等信号算出怠速转速及其相应的喷油量。为了使怠速能够保持稳定，ECU 也可以根据发动机转速的反馈信号，不断地对喷油量进行修正。

4. 增压控制

增压控制根据柴油发动机转速、负荷和增压压力等信号，采取相应的措施，实现对废气涡增压器工作状态和增压压力的控制。

5. 排放控制

排放控制主要是废气再循环（EGR）控制。

6. 起动控制

起动控制主要包括喷油量控制、喷油正时控制和预热装置控制。

7. 巡航控制

巡航控制是 ECU 根据车速等信号自动维持汽车的行驶车速。

8. 故障自诊断

故障自诊断包含故障自诊断和失效保护两个子系统。

9. 柴油发动机与自动变速器的综合控制

柴油发动机与自动变速器的综合控制包括柴油发动机电控系统和自动变速器电控系统。

技能训练　喷油泵的检修

一、喷油泵的检修

1. 喷油器的检查

（1）用专用工具将柴油发动机上的喷油器拆下，用铜丝刷将喷油器外部清理干净。

（2）用铜皮护住台钳钳口，喷油器喷口朝上，用台钳夹紧。拧下紧固螺套，拆下针阀、针阀体等零件，并从喷油器体内取出顶杆。

（3）松开台钳，将喷油器掉转成头朝下并重新夹紧。拧下调压螺钉护帽和调压螺钉，取出垫圈、弹簧和弹簧座等零件。

（4）选择合适的专用清洁针清除喷孔内的积炭，用柴油清洗各零件。

（5）检查针阀是否磨损、拉毛或变形，检查针阀体是否烧蚀。

（6）检查针阀和针阀体的配合情况。将洗净后的针阀和针阀体装配好，使其倾斜 $45°$，将针阀抽出针阀座 1/3。放松后，针阀应能缓慢滑入针阀体。如果有黏滞现象，应对针阀和针阀体进行研磨，直到符合要求为止。如果黏滞现象严重，说明针阀有变形，应更换针阀和针阀体偶件。

2. 喷油器的调试

刚装配好的喷油器和使用一段时间的喷油器都应进行相关的调试。常用调试设备有油泵试验台和喷油器试验台，如图 7-31 所示是喷油器试验台。

（1）密封性的检查。

向下旋喷油器的调压螺钉，调节到压力为 196 MPa 时喷油器不漏油的位置保持不动，记录压力表的读数从 196 MPa 下降到 177 MPa 所用的时间，正常情况下应为 9～20 s。

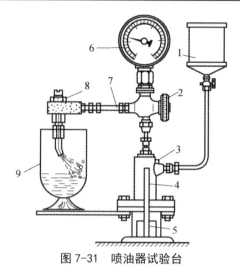

图 7-31 喷油器试验台

1—储油罐；2—开关；3—放气螺钉；4—手动油泵；5—压油手柄；
6—油压表；7—高压油管；8—喷油器；9—接油杯

（2）喷油压力和喷雾质量检查。

将喷油器安装在喷油器试验台上，扳动压油手柄，排出喷油器内的空气。继续扳动压油手柄，观察喷油器开始喷油时的压力值是否满足规定。以 30～60 次/mim 的速度连续按下手柄，检查喷油器的喷雾质量。多孔式喷油器各喷孔应形成一个雾化良好的小锥状油束，轴针式喷油器的应为圆锥形喷雾。

二、输油泵的检修

1. 输油泵的检查

（1）检查进、出油阀。

松开输油泵的出油管接头，上下拉动输油泵的手柄。若不出油，可能是喷油泵的凸轮顶住了推杆。转动凸轮，使输油泵正常出油。

（2）检查输油泵活塞与壳体的密封性。

用手按住出油口，转动凸轮轴，使喷油泵随之转动，此时手指能感觉到脉动压迫。当停止泵油后的 5 s 内，手指仍有压迫感，说明活塞密封良好。

（3）输油能力的检查。

当柴油发动机以 1 000 r/min 运转 15 s 时，泵油量不得小于 150 mL。

2. 输油泵常见故障检修

（1）输油泵供油能力下降。

输油泵供油能力下降，主要表现为柴油发动机起动困难、功率下降。输油泵供油能力的检查通常在油泵试验台上进行。

（2）输油泵漏油或漏气。

输油泵的进油口、出油口、手动油泵和推杆等部位往往会因垫片损坏、密封圈损坏等原因而出现漏油或漏气现象，可以通过密封性试验检查。

（3）手动油泵检查。

手动油泵常见故障为活塞与泵体之间磨损而漏油、漏气，进、出油阀不密封，使用后没有及时将手柄拧紧等。可以通过拉压手柄来判断手动油泵的工作状态，当以 120 次/min 的速度拉压手柄时，1 min 内要能吸上燃油。

三、柱塞式喷油泵的检修

1. 柱塞副的外观检查

检查柱塞副的外观时，发现下列情况之一即应更换柱塞副。

（1）柱塞表面有明显的磨损痕迹。
（2）柱塞弯曲或头部变形。
（3）柱塞或柱塞套有裂纹。
（4）柱塞头部斜槽、直槽及环槽边缘出现剥落或锈蚀等现象。
（5）柱塞套的内圆柱表面有锈蚀或显著刻痕。

2. 柱塞副的滑动性检查

先用洁净的柴油仔细清洗柱塞副，并涂上干净的柴油后进行检查。将柱塞套倾斜 60°左右，拉出柱塞全行程的 1/3 左右，放手后柱塞应在自重的作用下平滑地进入柱塞套内。然后转动柱塞，在其他位置做同样的检查，柱塞均应能平滑地进入柱塞套内。

3. 柱塞副密封性检查

用手盖住柱塞套的顶部和进、出油口，使柱塞处于最大供油位置，然后拉柱塞，此时应感到明显的吸力。放松柱塞后，柱塞应能迅速回到原位。否则，应更换柱塞副。

4. 出油阀偶件的外观检查

若出油阀减压环带有严重的磨损痕迹，锥形密封面阀座有金属脱落或严重磨损、锈蚀，应更换出油阀偶件。

5. 出油阀偶件的滑动性检查

在有柴油湿润的状态下，使出油阀处于垂直位置。把出油阀抽出 1/3 左右，放手后出油阀应能在自重的作用下落回出油阀阀座。

6. 出油阀偶件的密封性检查

在做滑动性检查时，如果用手指堵住出油阀阀座下方的孔，出油阀下落到减压环带进入阀座时应能停在此位置。如果用手指轻轻压入出油阀，松手后出油阀应马上弹回原位置。

四、调速器的检修

1. 调速弹簧的检查

若调速弹簧出现扭曲、裂纹、弹力减弱和折断等现象，应更换新件。

2. 飞块支架及铰链连接部位的检修

对采用飞块结构的双速调速器，应保证飞块、支架和销轴三者的配合间隙。如果三者的配合间隙不满足要求，可通过镗削飞块销轴孔、更换加粗的销轴的方式来解决。

3. 调速套筒的检修

在调速弹簧为拉力弹簧的调速器中,调速套筒环槽与浮动杠杆横销的磨损配合间隙超过规定值时,可将浮动杠杆上的横销与套筒一起拆下,转动 90°以后再装配,可以减少配合间隙。

4. 操作连接部位的检查

调速器各操作连接部位应连接可靠、运转灵活,配合间隙应符合规定。

思考与练习

(1) 柴油发动机可燃混合气的形成有何特点?

(2) 柴油发动机的燃烧室分为哪两大类? 各有何特点?

(3) 柴油发动机燃料供给系统由哪些主要部件组成?各部件的主要作用是什么?

(4) 输油泵有哪几类?其结构与工作原理如何?

(5) 喷油泵有什么作用?

(6) 喷油器有什么作用?

(7) 如何检查并调整喷油器的喷油压力和喷雾质量?

项目八　发动机总装与调试

【学习目标】

知识目标：掌握发动机装配的基本要求、装配方法及调整方法；了解发动机磨合的作用；熟悉发动机磨合规范。

技能目标：掌握发动机的总装顺序，能够对发动机进行正确的拆装，能够运用正确的调整方法；掌握发动机冷磨合、热磨合的规范，能够对磨合后的发动机进行检验；能查阅发动机维修资料，能按维修规范进行发动机总装。

【案例导入】

一辆桑塔纳 2000 轿车在发动机大修完成后，检验发现发动机怠速不稳，尾气排放超标。

【学习引导】

在对这辆车进行检测时，查询故障码为霍尔传感器 G40 断路/对正极短路。经检测，霍尔传感器正常，更换霍尔传感器后故障码仍然出现。拆下正时皮带罩，发现正时带记号与正确位置错位 2 个齿。

发动机总装不仅是将各个零部件及总成装配成发动机，还要对加工或新换的零部件的质量进行最后的检查。装配质量直接影响到发动机的修理质量，因此，必须严格按照技术要求进行总装。

发动机的总装与调试是发动机修理的最后工序，也是至关重要的工序，直接决定着大修后的发动机能否正常运行，发动机性能能否完全恢复。因此，在修理工作中要精益求精，并保质保量地完成发动机装配工作。

任务一　发动机总装

8.1　发动机装配的基本要求

发动机的装配应有一个合理、适当的工艺过程。工艺过程必须根据发动机本身的结构特点、工具设备、技术条件和劳动组合等来安排。发动机的结构形式很多，整机装配程序也不完全相同，但是，在装配时应满足的基本要求是一致的。

1. 发动机装配前的准备工作

①装配前应检查各零件是否备齐。同时，对可预装的总成和部件，应仔细清洗后进行预装。

②复检零部件、辅助总成，其性能试验应合格。

③装配前必须认真清洗零件及工具，保持装配工作场地清洁。工作台、零件等应安放有序，如图 8-1（b）所示。按规定配齐全部衬垫、螺栓、螺母、垫圈、开口销和锁环等，如图 8-1（a）所示，并准备适量的密封胶及润滑油、润滑脂等常用润滑油料。

④间隙配合件的零件表面在装合时应涂上润滑油，如图 8-1（c）所示。

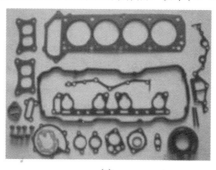

(a)

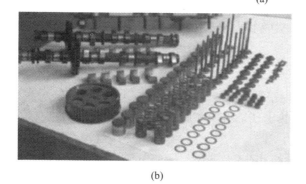

(b)

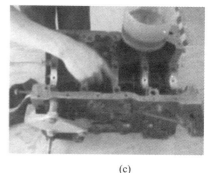

(c)

图 8-1 发动机装配前准备

（a）发动机大修包；（b）发动机待装件；（c）发动机待装件的预润滑

2. 发动机装配的技术要求

①严格保持零件、润滑油道清洁，尽量使用专用器具装配。

②过盈配合件装配时应使用压床或专用的压入工具，如需在零件表面施以压力或锤击时，必须垫以软金属块或铜冲头。

③有装配记号的零件必须按记号指示装配。

④各部位的密封衬垫和油封必须换用新件。

⑤装配间隙必须符合技术条件。

⑥各部位的紧固螺栓、螺母，应用适合的扳手按一定顺序、力矩和方法旋紧。对于主轴承盖螺栓、连杆螺栓、气缸盖螺栓和飞轮固定螺栓等发动机上重要的螺栓（或螺母），必须使用扭力扳手，按规定顺序和规定力矩，分次、均匀地将螺栓拧紧。

8.2 发动机装配工作的基本操作工艺

由于发动机的结构不同，以及修理厂技术装备条件有差异，所以不可能有完全相同的发动机装配工艺，但其基本顺序相似，现将其共性的内容叙述如下。

1. 曲轴与轴承的安装

①将气缸体倒置在工作台或装配架上，用压缩空气将气缸体和曲轴上的油道反复吹通。

②装合正时齿轮与止推垫片（注意方位）。正时齿轮与轴颈为过渡配合、键链接，如图8-2所示。

图 8-2

③把轴承按编号装入轴承座中。轴承应与轴承座和轴承盖密封接合，定位凸榫完整。轴承两端面应高出轴承座和轴承盖的接合面 0.03～0.06 mm。在轴承内表面上稍涂一层润滑油。

④将曲轴置于气缸体轴承座孔内，轴承盖按原来的位置装在气缸体上。各道轴承盖螺栓分 2～3 次由中间向两端拧紧，最后一次按规定力矩拧紧。待全部轴承盖螺栓拧紧后，用一只手扳动曲轴，曲轴应以能转动为宜，否则应查明原因并修复。

⑤检查曲轴轴向间隙，看其是否符合规定。如不符合规定，应予以调整。

⑥安装飞轮时，应对准定位孔。曲轴凸缘与飞轮的配合应符合规定。应交叉均匀地拧紧紧固螺栓。紧固后检查飞轮工作表面的端面跳动，在最外端测量时，其值应不超过 0.20 mm。

⑦正确安装曲轴油封，整体式后油封应装入曲轴后端油封座内，分开式后油封应装入后轴承座槽内。曲轴前端一般采用整体式油封，应将油封装入发动机前端的正时齿轮盖内，保证油封与曲轴同心且松紧度适宜。

2. 活塞连杆组件的安装

①将不带活塞环的活塞连杆组件按气缸号装入相应的气缸内，活塞顶部的装配标记朝向发动机前方，按规定力矩拧紧连杆螺栓。转动曲轴，活塞在上、下止点和气缸中部 3 个位置上，活塞头部前、后两方向与气缸的间隙值之差应不大于 0.10 mm，可用厚薄规进行测量。超过时，应查明原因并修复。当活塞在运动中始终偏向一方时，多为连杆弯曲所致，应进行校正。当活塞在运动中的偏斜方向变化时，应重新磨光连杆轴颈，并校正连杆扭曲，重新选配连杆轴承。连杆大头两侧面在连杆轴颈上的端隙，轿车发动机为 0.15～0.30 mm，载货汽车发动机为 0.20～0.25 mm。上述项目检查合格后，拆下活塞连杆组。

②用专用工具活塞环卡钳将活塞环装到活塞上，如图 8-3 所示。安装活塞环时要注意活塞环的安装方向。

③在活塞、活塞环及连杆轴承上涂上适量润滑油，使活塞环开口错开。将活塞连杆组装入气缸内，连杆螺栓用规定力矩拧紧。

图 8-3

3. 凸轮轴的安装

（1）下置式凸轮轴的安装。

①在凸轮轴轴颈和轴承处涂上少许润滑油，将凸轮轴插入凸轮轴轴承中，注意安装时不要将轴承碰坏。对用止推凸缘来定位的凸轮轴，凸缘面应朝前。

②转动曲轴，使第一缸活塞处于上止点，转动凸轮轴至合适位置。对准标记，将正时齿轮或链条、链轮按正确的位置装入。

③将气门挺柱涂上润滑油后，按记号顺序插入导孔内。用拇指轻轻推入导孔后，气门挺栓应能转动自如，径向推拉挺柱应无明显间隙感。

④复查凸轮轴轴向间隙，如不符合规定，应进行调整。

⑤安装正时齿轮盖。将正时齿轮盖的衬垫贴在气缸体上，套上正时齿轮盖，压上皮带轮，再均匀、对称地拧紧正时齿轮盖的固定螺栓，以保证油封与油封轴颈的配合。

（2）上置式凸轮轴的安装。

①挺柱式。将传动件挺柱装入后再装凸轮轴。

②摇臂式。先装凸轮轴，再装摇臂。

③齿形带的张紧。转动张紧轮，调整齿形带的松紧度。在凸轮轴正时皮带轮和曲轴正时带轮之间用拇指和食指捏住齿形带刚好能扭转 90°，其张紧度即合适。

4. 气门组件的安装

①将气门油封压装于气门导管上，安装时油封一定要压到位，以防止油封变形与损坏。

②装上气门及气门弹簧和弹簧座，如图 8-4 所示。

图 8-4

5. 气缸盖、推杆、气门摇臂组件的安装

①安装气缸盖衬垫时,有标记一面应朝向气缸盖。拧紧气缸盖螺栓(或螺母)时,应从中央向两边按规定顺序和力矩分数次拧紧。

②将推杆插入挺柱孔内定位,再装摇臂组件,按规定的顺序和力矩固定摇臂组件。

③按规定数据调整各气缸的气门间隙。

6. 油底壳及附件的安装

①安装机油泵和机油集滤器。

②安装油底壳。装上密封垫,涂上密封胶后再装上油底壳,均匀、对称地拧紧油底壳紧固螺钉。

③安装分电器。对触点式分电器,先将触点间隙调到 0.35～0.45 mm,再按规定位置把分电器轴准确地装入传动轴槽内,旋紧分电器外壳固定螺钉。

④安装进、排气歧管。

⑤安装机油滤清器、机油管、曲轴箱通风管、水泵、发电机、起动机、化油器和汽油泵等。如有空调压缩机也应装上,并加注润滑油及冷却液等。

现以上海桑塔纳轿车发动机为例,说明其装配的步骤及方法。

1)曲轴飞轮组的装配

①将清洗过的发动机机体安装在专用支架 VW40 上或倒置于工作台上。

②将 5 道上主轴瓦安装在机体的主轴承座内。在安装过程中,不要触摸上主轴瓦的工作表面和背面,也不要触摸轴承座表面。在上主轴瓦的工作表面上涂少许润滑油。

③把擦拭干净的曲轴小心平稳地放在上主轴瓦上。

④将下主轴瓦安装在主轴承盖上。主轴承盖上有编号,靠近带轮的为第 2 道主轴承,靠近飞轮的为第 5 道主轴承。第 3 道主轴承为止推轴承,其下主轴瓦为翻边轴瓦。第 4 道下主轴瓦有油槽,其余几道下主轴瓦均没有油槽。将下主轴瓦的工作表面涂上润滑油,并按主轴承盖上的编号及安装方向,从机体前端起将主轴承盖逐个装在机体上。

⑤拧紧主轴承螺栓。分 2～3 次从中央向两侧交替拧紧主轴承螺栓,拧紧力矩为 65 N·m。主轴承安装完毕后,用手扳动曲柄臂,曲轴应转动自如。

⑥在机体后端面安装中间支板和曲轴后油封支座,在中间支板与后油封支座之间垫以新的密封衬垫。使用专用工具 2003QA 和 2003/1 将后油封压入后油封支座内。

⑦在机体前端面上安装曲轴前油封支座,在前油封支座与机体端面之间垫上新的密封衬垫。将曲轴前油封外圈和唇部涂上润滑油,在曲轴的自由端套上导套,油封经导套推入前油封支座,再用压套将油封压到底。

⑧安装中间轴。

⑨安装中间轴油封支座及油封。

⑩使用专用工具 VW07C 在曲轴后端安装滚针轴承,轴承标记朝外。

⑪在曲轴后端安装飞轮。拧紧力矩为 75 N·m,分两次拧紧。

⑫按照拆卸时所做的记号装复离合器压盘和离合器片。

2）活塞连杆组的装配

①组装同一气缸的活塞、连杆和活塞销。组装时注意使活塞顶部的装配标记和连杆体上的铸造标记朝同一个方向。首先，将活塞置于温度为60～80 ℃的热水中加热，取出后迅速擦净活塞销孔，将活塞销推入一个销孔，然后在连杆小头衬套上涂一层润滑油并把连杆小头伸入活塞内，迅速使活塞销通过连杆小头衬套直至另一活塞销孔边缘。

②安装活塞销挡圈。

③用活塞环装卸钳在活塞上安装事先选配好的活塞环。安装时将活塞环上有"TOP"记号的一面朝上。两道气环和油环衬环的开口相互错开成120°夹角，而油环的上、下刮片交错排列，开口相互错开成180°夹角。将连杆上、下轴瓦分别安装在连杆大头和连杆盖上，安装过程中不要触摸轴瓦的工作表面和背面。

④在活塞环、活塞裙部、连杆上轴瓦工作表面、气缸壁和曲柄销表面上涂适量润滑油，将活塞连杆组按其编号装入相应的气缸内。活塞顶部的装配标记必须朝向曲轴带轮一端。

⑤把连杆大头装到曲轴上的连杆轴颈上，扣上连杆盖，穿入连杆螺栓，拧上螺母，用30N·m的力矩紧固，接着再转动180°。连杆盖上的铸造标记与连杆体上的铸造标记应在同一侧。连杆螺栓若为预应力螺栓，只允许重复使用一次。重复使用时，在螺栓头上做上标记，下次遇有标记的螺栓必须更换。

3）机油泵及其他零件的安装

①组装机油泵。按照与拆卸机油泵相反的顺序组装机油泵。机油泵盖紧固螺栓的拧紧力矩为10 N·m。机油集滤器和吸油管组件的紧固螺栓的拧紧力矩也是10 N·m。组装时应更换所有衬垫。

②将机油泵和集滤器组件安装到机体上。首先使第1缸的活塞处于上止点位置，然后将机油泵的传动轴经机体上的定位套插入轴承套中，再拧紧将机油泵固定到机体上的紧固螺栓，拧紧力矩为20 N·m。

③安装油底壳。在机体底平面上放上新油底壳密封衬垫，再放上油底壳，依次拧紧油底壳紧固螺栓，拧紧力矩为20 N·m。

4）气缸盖及其相关件的装配

①用专用工具将气门导管从气缸盖顶面压入气门导管安装孔中，并检查气门导管与气门杆的配合间隙，使其符合标准值。

②将气缸盖安放在专用支架上，安装气门杆油封。注意，一定要把油封安装到位，以防油封变形。在气门杆上涂少许润滑油，并按原顺序将气门从气缸盖底面插入气门导管中，装上气门弹簧和弹簧座，并用专用工具压紧气门弹簧，装上锁夹。

③安装凸轮轴。在确认凸轮轴轴向间隙符合规定的情况下，在液压挺柱表面涂上润滑油，按照拆卸时所做的标记装入相应的挺柱孔内。在凸轮轴承座孔和凸轮轴颈涂上润滑油，把凸轮轴放在轴承座孔上，安装时第1缸凸轮必须朝上。装上轴承盖，先对角拧紧第2、4轴承盖的紧固螺栓，然后再拧紧第1、3、5轴承盖的紧固螺栓，拧紧力矩均为20 N·m。

④安装凸轮轴油封。将油封外圈和唇部涂少许润滑油，放入专用导套10-203内，平整压入，但不要压到头，否则会堵塞回油孔。

⑤安装凸轮轴正时同步带轮。先在凸轮轴上装半圆键,再装上同步带轮,拧紧固定螺栓,拧紧力矩为 80 N·m。

⑥将机体正放,放上新的气缸盖衬垫,衬垫上标有"OPEN"字样的一面朝向气缸盖。再将专用定位导向螺栓拧入机体结合面两端的螺纹孔中。转动曲轴,使各气缸活塞均不在上止点位置。放上气缸盖,在气缸盖的 8 个螺栓孔中放入气缸盖螺栓并拧紧。然后旋出定位导向螺栓,拧入气缸盖螺栓。按照与拆卸气缸盖相反的顺序分三次拧紧气缸盖螺栓。第一次拧紧力矩为 40 N·m,第二次为 60 N·m,第三次用扳手各拧 180°。

⑦安装气缸盖罩。按照与拆卸气缸盖罩相反的顺序将气缸盖罩安装在气缸盖顶面上。安装时,气缸盖密封条及衬垫必须更换新件。气缸盖罩紧固螺栓的拧紧力矩为 10 N·m。

5)正时同步带及其相关件的安装

①安装同步带后护罩,紧固螺栓的拧紧力矩为 30 N·m。

②在曲轴前端安装曲轴正时同步带轮,紧固螺栓的拧紧力矩为 80 N·m。

③在中间轴端安装同步带轮,紧固螺栓的拧紧力矩为 60 N·m。

④将同步带套在曲轴和中间轴带轮上,同时将曲轴 V 带轮用一只螺栓固定在曲轴正时同步带轮上。

⑤使凸轮轴正时同步带轮上的标记与气缸盖罩平面上的标记对齐。

⑥使曲轴带轮的上止点记号与中间轴带轮上的记号对齐。

⑦将同步带装到凸轮轴正时同步带轮上。

⑧按顺时针方转动张紧轮,使同步带张紧。用拇指和食指捏住凸轮轴带轮和中间轴带轮中间的同步带,刚好可以转 90° 即为合适。转动曲轴两周,检查调整是否合适,如果确认调整无误,则拧紧张紧轮紧固螺母,拧紧力矩为 45 N·m。

⑨拆下曲轴 V 带轮,安装同步带上、下护罩。

⑩安装曲轴 V 带轮,紧固螺栓的拧紧力矩为 20 N·m。

6)安装其他附件

①安装水泵及水泵带轮。

②安装气缸盖出水管、节温器和冷却液温度感应塞等。

③安装汽油泵,紧固螺栓的拧紧力矩为 20 N·m。

④安装机油滤清器座及机油滤清器。机油滤清器座的紧固螺栓的拧紧力矩为 25 N·m。

⑤安装进、排气歧管。

任务二　发动机磨合与验收

8.3　发动机的磨合

1. 发动机磨合的意义

发动机总成或机构组成后,改善零件摩擦表面几何形状和表面物理机械性能的运转过程称为磨合。发动机磨合是修理工艺中一道重要的工序,是发动机从修理装配状态进入工作状态的过渡。磨合质量对发动机修理质量和大修间隔里程有着重大的影响，因此，未经磨合的发动机是不允许使用的。

总成修理的发动机使用的零件有新有旧，零件的技术状况相差较大，修理工艺装备和企业技术生产水平存在很大的差异。有些总成修理的发动机在磨合的过程中就会出现拉缸、烧瓦等严重故障。因此，总成修理的发送机进行科学的磨合就更为必要了。

（1）形成适合工作条件的配合性质。

①扩大配合表面的实际接触面积。新零件和经过修理的零件，由于表面微观粗糙度和各种误差，装配后配合副的实际接触面积仅为设计面积 1/1000～1/100，配合表面上单位实际接触面积的载荷就会超过设计值的百倍至千倍。微观基础表面在高应力、高摩擦作用下就容易产生塑性变形和黏性磨损，引起咬粘等破坏性故障。因此，各零件应在特定的磨合范围下运动，粗糙表面的微观凸点镶嵌并产生微观机械切削现象，使实际接触表面不断扩大，在短期内形成适应正常工作条件的配合表面。

②形成适应工作条件的表面粗糙度。每一种工作条件均有其适应的表面粗糙度，零件本来的加工表面粗糙度与工作条件要求差距甚大，只有在磨合中才能形成适应工作条件的表面粗糙度。

③改善配合性质。磨合形成了适应工作条件的实际接触面积、表面粗糙度和配合间隙，不但显著提高了零件的综合抗磨损性能，而且减少了其摩擦阻力与摩擦热，降低了故障率，提高了发动机的可靠性与耐久性。

（2）改善配合副的润滑效能。

磨合使配合间隙增大到适应正常工作条件的配合间隙，改善了润滑油的泵送性能，增大了配合副润滑油流量，不但改善了配合副的润滑效能，而且有利于保持正常的工作温度和配合表面的清洁。

（3）提高了发动机的可靠性和耐久性。

金属在低于或近于疲劳极限时，磨合一段时间，可以明显提高金属零件的抗磨损性能和抗疲劳破坏能力，从而提高机械的可靠性与耐久性。

发动机的磨合过程如图 8-5 所示，分为两个阶段：第一阶段是出厂前在台架上进行的磨合（包括冷磨合与热磨合），一般称为发动机磨合；第二阶段是发动机装车出厂后，在汽车运行过程中进行的磨合，一般称为汽车走合。

图 8-5 发动机的磨合过程

2. 发动机磨合规范

发动机磨合分为冷磨合与热磨合两个阶段。冷磨合是由外部动力驱动发动机运转而进行的磨合，而发动机自动运转的磨合则称为热磨合。发动机自行空运转磨合称为无负荷热磨合，有负荷的自运转磨合称为有负荷热磨合。发动机的磨合质量在材料、结构和装配质量等条件已定的情况下，主要取决于磨合期的转速、负荷、磨合时间以及润滑油品质。因此，由磨合转速、负荷和磨合时间等方面的要求组成了发动机的磨合规范。

1）冷磨合规范

（1）冷磨合转速。

起始转速为 400～500 r/min 终止转速为 1 200～1 400 r/min。若起始转速过低，尤其是在发动机自润滑磨合的情况下，则曲轴溅油能力不足，机油泵输出油压过低，不能满足配合副的摩擦阻力和摩擦热对润滑、冷却及清洁能力的需求，势必会引起配合副破坏性损耗。由于高摩擦阻力和高摩擦热的限制，起始转速也不能过高。

发动机磨合的关键是气缸、活塞环、活塞和曲轴与轴承等配合副的磨合，配合面上的载荷主要是由连杆活塞组的质量和离心力形成的。在 1 200～1 400 r/min 的转速范围内，配合面单位面积上的载荷最大，超过或低于此转速，载荷减小，影响磨合效率。例如，连杆轴颈上的总压力与转速的关系如图 8-6 所示。

无级调速磨合效率低，为了提高磨合效率，故采用有级调速的方式进行磨合。磨合转速采取四级调速的方式，在每级转速下，随着表面质量的改善，磨损率逐渐下降至平衡状态。冷磨合的磨损特性如图 8-7 所示。

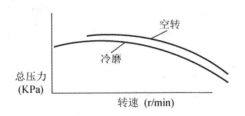

图 8-6 连杆轴颈上的总压力与转速的关系

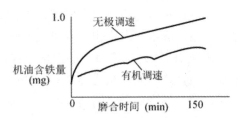

图 8-7 冷磨合磨损特性

（2）冷磨合负荷。

冷磨合一般无须加额外负荷。实践证明，装好气缸盖，堵死火花塞螺孔，借助气缸的压缩压力来增加冷磨合负荷是极为有益的。

（3）冷磨合的润滑。

现行的润滑方式有自润滑、油浴式润滑和机外润滑三种。实践证明，机外润滑效果最佳，对提高磨合效率极为有利。所谓机外润滑，是指有专门的泵送系统将专门配置的黏度较低、硫化极性添加剂含量较高的发动机润滑油，以较大的流量送入发动机进行润滑的润滑方式。机外润滑不但使摩擦表面松软，加速磨合过程，而且润滑、散热以及清洁能力很强，还可以提高磨合过程的可靠性。

（4）磨合时间。

冷磨合的总时间约为 60～90 min，具体的磨合时间应根据零件的加工质量和装配情况确定。

2）热磨合规范

热磨合是在冷磨合的基础上，以发动机自身发出的动力进行运转磨合试验的过程，通常称为热试。它是为了检查发动机是否达到了应有的装配性能，同时对发动机进行汽车行驶前的磨合，可以确保发动机的竣工验收和正常使用。

热磨合分无负荷热磨合和有负荷热磨合两种。

（1）无负荷热磨合。

无负荷热磨合是为有负荷热磨合做准备的磨合过程。其磨合原理与冷磨合类似，分别以 600～900 r/min、1 000～1 400 r/min 的转速运转，磨合时间不少于 1 h。

在热磨合过程中，应检查油压是否符合各机型要求，检查发动机水温、油温是否正常，检查发动机有无异响、漏油、漏水、漏气和漏电现象，检查电流表读数是否正常，校正点火提前角，用断缸法检查各气缸工作是否良好，测听发动机内部是否有异响（对一些具有电控装置的发动机，不要轻易断开点火高压线），测量气缸压力是否正常。

（2）有负荷热磨合。

有负荷热磨合一般在测功机上进行，不仅可以发现某些在无负荷热磨合时无法发现的故障，还可以测试大修后的发动机的功率大小、油耗高低。磨合时。发动机转速逐级递增，转速每级变化为 200 r/min，最高磨合转速一般为额定转速的 50%～60%。

磨合时间多以每级磨合中的转速变化或润滑油温度为根据来确定。当每级负荷不变时，随着负荷时间的延续，零件工作表面质量逐渐改善，摩擦损失逐渐减小，发动机转速会有明显的升高，这就表明这一级磨合已经达到了要求，可以转入高一级的磨合。也可以根据润滑油的温度变化来确定每级磨合时间。在发动机冷却液温度保持恒定的条件下，摩擦阻力进入稳定阶段后，润滑油温度也从升温状态转入温度稳定状态，这时就可以转入高一级的磨合。

实践证明，上述磨合规范的总磨合时间约为 120～150 min。在热磨合过程中，必须检查、调整发动机，进行发动机性能试验，排除故障，使发动机符合大修竣工技术条件，并清洗润滑系统，更换润滑油和滤清器滤芯，加装限速装置。一般拆检项目如下。

①活塞。接触面应正常，无拉毛、起槽等现象。

②气缸。应无拉痕及起槽等现象。

③活塞环。接触面积应不小于 90%，开口间隙不大于原间隙的 125%。

④主轴承和连杆轴承。接触面应比磨合前有所增加，但无起槽和烧结现象。

⑤气缸衬垫。应无漏水、漏气现象。

8.4 发动机的竣工验收

发动机大修后，经过冷磨合、热磨合，试验检测合格，即可进行竣工验收。发动机验收必须按汽车修理技术标准中的有关规定执行。

1. 发动机验收的技术要求

①发动机的零部件和附件应符合经规定程序批准的制造或修理技术条件，且装备应齐全。

②发动机不应有漏油、漏水、漏气、漏电现象。

③加注润滑油量、牌号以及润滑脂应符合原厂规定。

④发动机怠速应符合原设计规定，怠速运转稳定。

⑤发动机在各种转速下运转稳定。在正常工况下不得有过热现象，不得有异响；急加速或减速时，不得有爆燃声和"回火""放炮"等现象。

⑥发动机应按原设计规定加装限速片，或对限速装置作相应的调整，并加铅封。

⑦四冲程汽油发动机转速在 500～600 r/min 时，真空度应在 57.3～70.7 kPa 范围内。其波动范围，六缸汽油发动机一般不超过 3.3 kPa，四缸汽油发动机一般不超过 5 kPa。在规定转速下，油压应符合原设计规定。

⑧气缸压缩压力应符合原设计规定，各气缸压力差，汽油发动机应不超过各气缸平均压力的 8%，柴油发动机应不超过 10%。

⑨润滑油压力和冷却液温度正常。

2. 发动机验收检测的主要使用性能

①发动机在正常工作温度下，5 s 内能起动。柴油发动机在环境温度不低于 5 ℃，汽油发动机在环境温度不低于 -5 ℃时，应能顺利起动。

②配气相位差不大于 2°30′。

③改变转速时，过渡应圆滑。

④发动机最大功率和最大转矩均不得低于原设计规定值的 90%，最低燃料消耗率不得高于原设计规定值。

⑤发动机排放限值应符合国家有关规定。

技能训练 1　发动机吊装

训练时间：4 h。

训练准备：实训车辆，拆装发动机的工具、量具，拆装工作台及存放机件盆等。

训练要求：能够熟练使用有关工具、量具；掌握吊装步骤；严格遵守发动机拆装操作步骤和技术要求。

训练内容：

1. 吊装准备工作

拉紧驻车制动器，将车辆抬起后加上垫块，使车轮水平悬空，然后拆下两前轮。先拆下蓄电池负极电缆，然后拆下正极电缆；卸下蓄电池紧固螺母和压板后，拆下蓄电池；卸下电池支架的四个紧固螺栓，拆下蓄电池支架。放空发动机冷却液和变速器油。

2. 拆除发动机

（1）拆除发动机和变速器的连接部件。

①拆下空气滤清器和连接管。

②拆下发电机和转向辅助力泵。

③拆下空调制冷压缩机，并将其悬吊于车架，以避免压缩机本身重量压坏制冷管路。

④松开散热器上的软管卡簧，卸下液软管。

⑤拆下里程表软轴、真空助力装置的真空管和化油器上的进油管。

⑥拆除离合器操纵拉索、加速踏板拉索、阻风门拉索和变速器操纵传动杆螺母等。

⑦拆除继电器盒上的组件。

⑧拆下变速器侧面的变速杆，拆下车速传感器电缆，松开变速器下的转向助力装置的软管，拔开连接倒车灯的插接器和车速表插接器。

⑨拆下右车轮的传动轴，松开左车轮的传动轴与变速器相连的内端。

⑩拆开发动机上各传感器、分电器、点火线圈和起动机等插接口，并从发动机上拆除有关线束。

⑪卸下排气管的紧固螺栓，拆下排气管，并拆除其与传动轴的连接。

（2）拆开发动机与车架的连接。

将吊车的起重钩钩在发动机气缸盖上的两个起重吊耳上。松开并拆下发动机与变速器左侧支架及其相连的紧固螺母和垫片。仔细检查，确认所有连接发动机与变速器的部件都已拆除后，将发动机与变速器慢慢从发动机舱盖前端吊离车架，并将其轻轻放在地上或架子上。注意：要将油底壳悬空，不能承受重力。

（3）发动机与变速器及其附件的分离。

手动变速器与发动机的分离方法如下。

①拆下飞轮壳上的罩盖。

②拆下离合器。

③拆下变速器连接发动机的所有螺栓并做记号以方便后续安装。

④将变速器慢慢地与发动机分开。

⑤仔细检查，确认所有连接发动机与变速器的部件都已拆除后，将发动机与变速器慢慢从发动机舱盖前端吊离车架，并将其轻轻放在翻转架上。

（4）发动机上附件的拆离。

按便于拆卸的原则将发动机上各个部件拆下，并将各部件总成零件集中有序放置，以方便以后安装。发动机上要拆卸的附件及其拆卸方法如下。

①拆下发动机、转向助力器及空调压缩机支架。

②拆下分电器及支架、点火线圈及支架等。

③拆下发动机冷却液温度传感器、出水室等。

④拆下燃油分配管及附件。

⑤拆下各传感器。

⑥拆下进气歧管、排气歧管及附件。

3. 发动机安装

按与拆卸相反的顺序重新安装发动机。将发动机放置就位后，用适当的力予以紧固。

技能训练2　发动机的拆装与检测

训练时间：4 h。

训练准备：发动机总成，拆装发动机的工具、量具，拆装工作台及存放机件盆等。

训练要求：掌握发动机总成的分解与检测；能正确进行检测维修操作，读表准确。

训练内容：

（1）气缸磨损的检测。
（2）气缸压缩压力的检测。
（3）活塞环开口间隙的检测。
（4）连杆弯曲、扭曲的检测。
（5）曲轴弯曲、磨损的检测。
（6）气门间隙检测。
（7）正时皮带张紧度的检查与调整。
（8）点火正时的检查与调整。
（9）机油泵的检测。

思考与练习

（1）气缸盖在安装时，螺栓的拧紧顺序如何？
（2）发动机的正时标记有哪些？试分析如果正时标记没有对上，会导致哪些后果？
（3）为什么要对发动机进行磨合？
（4）如果不进行冷磨合，直接进行热磨合可以吗？
（5）发动机竣工验收的标准有哪些？

项目九　发动机机械故障诊断常用工具、量具和专用工具

【学习目标】

知识目标：了解常用工具和量具的名称及规格；熟悉专用工具的操作注意事项。

技能目标：掌握各种常用拆装工具的正确使用方法；掌握各种量具的使用方法；掌握汽车举升机、吊车、千斤顶等专用工具的安全操作方法和要求。

【案例导入】

一辆已使用10年的轿车进厂维修，客户反映该车近几个月发动机动力不足，起动比较困难。

【学习引导】

我们应对这辆车进行全面的检查，对发动机进行大修。如何拆发动机呢？本项目主要介绍发动机机械故障诊断常用工具、量具和专用工具的使用方法。我们应在掌握发动机基本结构和工作原理的基础上，按正确的方法，使用合适的工具拆装发动机。

任务一　常用工具的认识与使用

1. 扳手

扳手的作用是拆卸或紧固带有棱边的螺栓和螺母，常用的扳手有开口扳手、梅花扳手、套筒扳手和活动扳手等。

（1）开口扳手。开口扳手又称呆扳手，是最常见的一种扳手，如图9-1所示。其开口的中心平面和本体中心平面成15°夹角，这样既能使人手的操作方向便于用力，又可降低对操作空间的要求。其规格是以两端开口的宽度 S 来表示的，如8～10 mm、12～14 mm 等。开口扳手通常是成套装备，有八件一套和十件一套的；通常用45号钢或50号钢锻造而成，并经过热处理。

图9-1　开口扳手

（2）梅花扳手。梅花扳手同开口扳手的用途相似。其两端是环式的。环的内壁由两个同心正六边形错转30°形成，如图9-2所示。其规格以闭口尺寸 S 来表示，如8～10 mm、12～14 mm等；通常是成套装备，有八件一套、十件一套等；通常用45号钢或40 Cr锻造而成，并经过热处理。梅花扳手可将螺栓和螺母头部套住，扭转力矩大，工作可靠，不易滑脱，携带方便。使用时，扳动扳手30°后，即可换位再套，适用于空间狭窄的场合。与开口扳手相比，梅花扳手强度高，使用时不易滑脱，但套上、取下不方便。

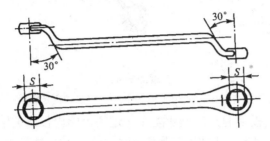

图9-2 梅花扳手

（3）套筒扳手。套筒扳手的材料、环孔形状与梅花扳手相同，适用于拆装需要一定扭矩或所处空间狭窄的螺栓或螺母。如图9-3所示，套筒扳手主要由套筒头、滑头手柄、棘轮手柄、快速摇柄、接头和接杆等组成。各种手柄适用于各种不同的场合，以操作方便或提高效率为原则。常用套筒扳手的规格是10～32 mm。在汽车维修中还会用到许多专用套筒扳手，如火花塞套筒扳手、轮毂套筒扳手和轮胎螺母套筒扳手等，如图9-4所示。

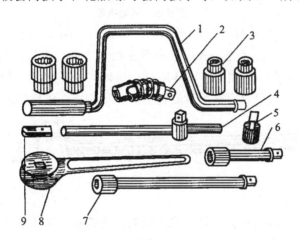

图9-3 套筒扳手

1—快速摇柄；2—万向接头；3—套筒头；4—滑头手柄；5—旋具接头；6—短接杆；7—长接杆；8—棘轮手柄；9—直接杆

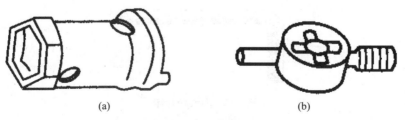

图9-4 专用套筒扳手

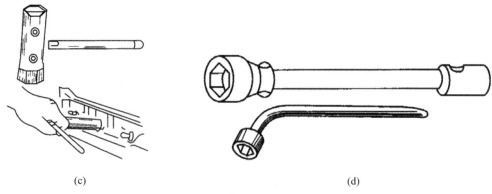

续图 9-4

(a) 叉形凸缘及转向螺母套筒扳手； (b) 气门芯扳手；(c) 轮胎螺栓套筒扳手；(d) 火花塞套筒扳手

（4）活动扳手。活动扳手的开口尺寸能在一定的范围内任意调整，其使用场合与开口扳手相同，但操作起来不太灵活。活动扳手如图 9-5 所示。其规格是以最大开口宽度来表示的，常用的有 150 mm 和 300 mm 等。活动扳手通常是由碳素钢或铬钢制成的。

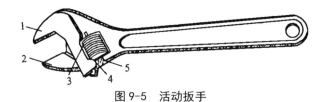

图 9-5　活动扳手

1—扳手体；2—活动扳口；3—蜗轮；4—蜗杆；5—蜗杆轴

（5）扭力扳手。扭力扳手是一种可读出所施扭矩大小的工具，如图 9-6 所示。其规格是以最大可测扭矩来表示的，常用的有 294 N·m 和 490 N·m 两种。扭力扳手除了可以用来控制螺纹件旋紧力矩外，还可以用来测量旋转件的起动转矩，以检查配合、装配情况。

图 9-6　扭力扳手

（6）内六角扳手。内六角扳手是用来拆装内六角螺栓（或螺塞）的，如图 9-7 所示。其规格以六角形对边尺寸表示，在 3～27 mm 范围内有 13 种。汽车维修作业中，一般使用成套内六角扳手拆装 M4～M30 的内六角螺栓。

图 9-7　内六角扳手

2. 螺钉旋具

螺钉旋具俗称螺丝刀，主要用于旋松或旋紧有槽螺钉。螺钉旋具(以下简称旋具)有很多类型，其区别主要是尖部形状不同。每种类型的旋具都按不同长度分为若干规格。常用的旋具是一字槽螺钉旋具和十字槽螺钉旋具。

（1）一字槽螺钉旋具。一字槽螺钉旋具又称一字起子、平口改锥，用于旋紧或松开头部带一字槽的螺钉，如图 9-8（a）所示。其工作部分一般用碳素工具钢制成，并经淬火处理。其规格以刀体部分的长度表示，常用的规格有 100、150、200 和 300 mm 等几种。使用时，应根据螺钉沟槽的宽度选用相应规格的旋具。

（2）十字槽螺钉旋具。十字槽螺钉旋具又称十字起子、十字改锥，用于旋紧或松开头部带十字槽的螺钉，其材料和规格与一字槽螺钉旋具的相同，如图 9-8（b）所示。

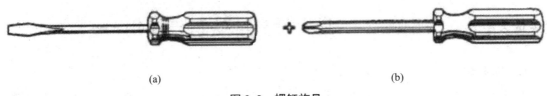

(a)　　　　　　　　　　　　(b)

图 9-8　螺钉旋具

(a) 一字槽螺钉旋具；(b) 十字槽螺钉旋具

3. 钳子

钳子多用来弯曲或安装小零件、剪断导线或螺栓等。钳子有很多类型和规格。

（1）鲤鱼钳。如图 9-9 所示，鲤鱼钳钳头的前部是平口细齿，适用于夹捏一般小零件；中部凹口粗长，用于夹持圆柱形零件，也可以代替扳手旋小螺栓、小螺母；钳口后部的刃口可剪切金属丝。由于一片钳体上有两个互相贯通的孔，又有一个特殊的销子，所以操作时钳口的张开度可以很方便地变化，以适应夹持不同大小的零件。鲤鱼钳是汽车维修作业中使用最多的钳子。其规格以钳长来表示，一般有 165 mm 和 200 mm 两种，用 50 号钢制造。

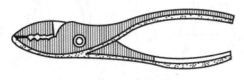

图 9-9　鲤鱼钳

（2）尖嘴钳。如图 9-10 所示，尖嘴钳因其头部细长，所以能在较小的空间内工作，带刃口的能剪切细小零件。使用时不能用力太大，否则钳口头部会变形或断裂。其规格以钳长来表示。

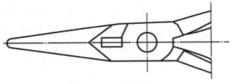

图 9-10　尖嘴钳

（3）钢丝钳。钢丝钳主要用来夹持工件、折断金属薄板，以及切断直径较小的金属丝。

（4）挡圈钳。挡圈钳按用途可分为轴用挡圈钳、孔用挡圈钳和特种挡圈钳等三种，用于拆装带有拆装孔的弹性挡圈。

（5）断线钳。断线钳能比较省力地剪断较粗的金属线材。

（6）多用钳。多用钳利用一组复合杠杆产生很大的夹紧力，兼有活动扳手、普通钳子和夹具的功能。

在汽车维修中，应根据作业内容选用适当类型和规格的钳子。不能用钳子拧紧或旋松螺纹连接件，以防止螺纹件被倒圆；也不可把钳子当撬棒或锤子使用，以免损坏钳子。

4. 锤子

汽车维修中常用的锤子有手锤、木锤和橡胶锤。手锤通常用工具钢制成，规格用锤头质量来表示，使用时应使锤头安装牢靠，手握锤柄末端，用锤头正面击打物体。木锤和橡胶锤主要用于击打零件加工表面，以保护零件不被损坏。

任务二　　常用量具的认识与使用

1. 钢板尺

钢板尺是一种很简单的测量长度并可以直接读数的量具，用薄钢板制成，常用来粗测工件的长度、宽度和厚度。常见钢板尺的规格有 150 mm、300 mm、500 mm 和 1 000 mm 等。

2. 卡钳

卡钳是一种间接读数的量具，卡钳上不能直接读出测量尺寸，必须与钢板尺或其他刻线量具配合测量。常用的卡钳类型如图 9-11 所示，内卡钳用来测量内径、凹槽等，外卡钳用来测量外径和平行面等。

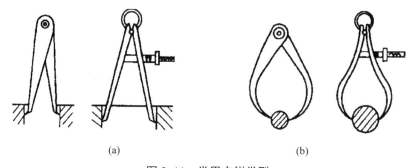

图 9-11　常用卡钳类型

(a) 内卡钳；(b) 外卡钳

3. 游标卡尺

游标卡尺可用来测量零件的内外直径和孔（或槽）的深度等。测量前，应根据测量精度的要求选择合适的游标卡尺，擦净卡脚和被测工件表面。测量时，将卡脚张开，再慢慢地推动游标，使两卡脚与工件接触，禁止硬卡硬拉。测量完成后，要把游标卡尺卡脚擦净并涂油后放入盒中。

游标卡尺由尺身、游标、活动卡脚和固定卡脚等组成。常用精度为 0.10 mm 的游标卡尺如图 9-12 所示，尺身上每一刻度为 1 mm，游标上每一刻度表示 0.10 mm。读数时，先看游标上"0"刻度线对应的尺身刻度线读数,再找出游标上与尺身某刻度线对得最齐的一条刻度线读数,测量结果为尺身读数加上 0.1 倍的游标读数。

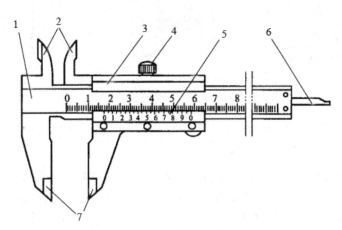

图 9-12 游标卡尺

1—尺身;2—刀口内量爪;3—尺框;4—固定螺钉;5—游标;6—深度尺;7—外量爪

4. 外径千分尺

外径千分尺是比游标卡尺更精密的量具,其精度为 0.01 mm。外径千分尺的规格按量程划分,常用的有 0～25 mm、25～50 mm、50～75 mm、75～100 mm 和 100～125 mm 等规格,使用时应按零件尺寸选择相应规格。外径千分尺的结构如图 9-13 所示。使用外径千分尺前,应检查其精度。检查方法是旋动棘轮,当两个砧座靠拢时,棘轮发出两三声"咔咔"的响声。此时,活动套管的前端应与固定套管的"0"刻度线对齐,同时活动套管的"0"刻度线还应与固定套管的基线对齐,否则需要进行调整。

注意:测量时应擦净两个砧座和工件表面,旋动砧座接触工件,直至棘轮发出两三声"咔咔"的响声时方可读数。

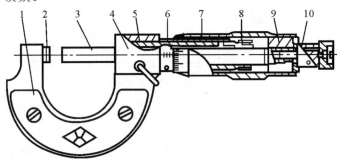

图 9-13 外径千分尺

1—尺架;2—砧座;3—测微螺杆;4—锁紧装置;5—螺纹轴套;6—固定套管;
7—微分筒;8—螺母;9—接头;10—测力装置

外径千分尺的读数方法如图 9-14 所示。外径千分尺固定套管上有两组刻度线,两组刻度线之间的横线为基线,基线以下为毫米刻度线,基线以上为半毫米刻度线;活动套管上沿圆周方向有 50 条刻度线,每一条刻度线表示 0.01 mm。读数时,固定套管上的读数与 0.01 倍的活动套管读数之和即为测量的尺寸。

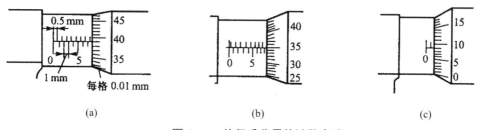

图 9-14 外径千分尺的读数方法

(a) 正确读数为 7.89 mm；(b) 正确读数为 8.35 mm；(c) 正确读数为 0.59 mm

5．百分表

百分表主要用于测量零件的形状误差（如曲轴弯曲变形量、轴颈或孔的圆度误差等）或配合间隙（如曲轴轴向间隙）。常见百分表有 0～3、0～5 和 0～10 mm 三种规格。百分表的刻度盘一般为 100 格，大指针转动一格表示 0.01 mm，转动一圈为 1 mm，小指针可指示大指针转过的圈数。

在使用时，百分表一般要固定在表架上，如图 9-15 所示。用百分表进行测量时，必须首先调整表架，使测杆与零件表面保持垂直接触且有适当的预缩量，并转动表盘使指针对正表盘上的"0"刻度线。然后按一定方向缓慢移动或转动工件，测杆则会随零件表面的移动自动伸缩。测杆伸长时，表针顺时针转动，读数为正值；测杆缩短时，表针逆时针转动，读数为负值。

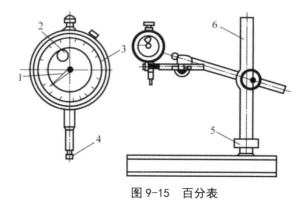

图 9-15 百分表

1—大指针；2—小指针；3—刻度盘；4—测头；5—磁力表座；6—支架

6．量缸表

量缸表又称内径百分表，主要用来测量孔的内径，如气缸直径、轴承孔直径等。量缸表主要由百分表、表杆和一套不同长度的接杆等组成，如图 9-16 所示。

测量时，首先根据气缸（或轴承孔）直径选择长度尺寸合适的接杆，并将接杆固定在量缸表下端的接杆座上。然后校正量缸表，将外径千分尺调到被测气缸（或轴承孔）的标准尺寸，再将量缸表校正到外径千分尺的尺寸，并使伸缩杆有 2 mm 左右的压缩行程。旋转表盘使指针对准零位后即可进行测量。

注意：测量过程中，必须前后摆动量缸表以确定读数最小时的直径位置，同时还应在一定角度内转动量缸表以确定读数最大时的直径位置。

7. 厚薄规

厚薄规又名塞尺，如图 9-17 所示，主要用来测量两平面之间的间隙。厚薄规由多片不同厚度的钢片组成，每片钢片的表面刻有表示其厚度尺寸的数值。厚薄规的规格以长度和每组片数来表示，常见的长度有 100、150、200 和 300 mm 四种，每组片数有 2～17 等多种。

在汽车维修中，厚薄规常用来测量零件之间的配合间隙，如气门间隙、曲轴轴向间隙等。

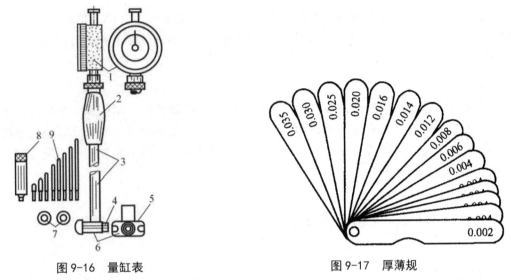

图 9-16　量缸表　　　　　图 9-17　厚薄规

1—百分表；2—绝缘套；3—表杆；4—接杆座；5—活动测头；

6—支承架；7—固定螺母；8—加长接杆；9—接杆

任务三　常用专用工具的认识与使用

汽车维修常用的专用工具有活塞环拆装钳、气门弹簧拆装架、拉器、黄油枪、千斤顶和汽车举升机等。

1. 活塞环拆装钳

活塞环拆装钳是一种拆装活塞环的专用工具，如图 9-18 所示。维修发动机时，必须使用活塞拆装钳拆装活塞环。

使用活塞环拆装钳时，将钳上的环卡卡住活塞环开口，轻轻握住手柄，慢慢地收缩，环卡使活塞环徐徐地张开，便能将其从活塞环槽中取出或装入。

使用活塞环拆装钳拆装活塞环时，用力必须均匀，避免活塞环受力不均匀而折断，同时能避免伤手事故。

2. 气门弹簧拆装钳

气门弹簧拆装钳是一种拆装气门弹簧的专用工具，如图 9-19 所示。使用时，将钳口收缩到最小位置，使拆装钳托架抵住气门，钳口贴紧气门弹簧座，然后压下手柄，使得气门弹簧

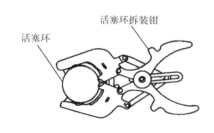

图 9-18 活塞环拆装钳　　　　　图 9-19 气门弹簧拆装钳

被压缩。这时，可取下气门弹簧锁销或锁片，慢慢地松抬手柄，即可取出气门弹簧座、气门弹簧和气门等。

3．拉器

拉器是用于拆卸过盈配合安装在轴上的齿轮或轴承等零件的专用工具。常用拉器为手动式，在一杆式弓形叉上装有压力螺杆和拉爪。使用时，在轴端与压力螺杆之间垫上垫板，用拉器的拉爪拉住齿轮或轴承，然后拧紧压力螺杆，即可从轴上拉下齿轮等过盈配合安装的零件，如图 9-20 所示。

4．黄油枪

黄油枪又称滑脂枪，如图 9-21 所示，是加注润滑脂（黄油）的专用工具。

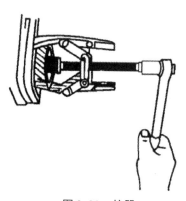
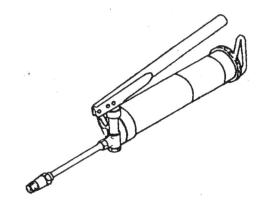

图 9-20 拉器　　　　　图 9-21 黄油枪

黄油枪的使用方法如下。

（1）填装黄油。

①拉出拉杆使柱塞后移，拧下黄油枪缸筒前盖。

②把干净的黄油分成团状，缓慢装入缸筒内，且使黄油团之间尽量相互贴紧，便于缸筒内的空气排出。

③装回前盖，推回拉杆，柱塞在弹簧作用下前移，使黄油处于压缩状态。

（2）注油。

①把黄油枪接头对正被润滑的黄油嘴(滑脂嘴)，直进直出，不能偏斜。

②注油时，如注不进油，应立即停止，并查明堵塞的原因，排除故障后再注油。

（3）加注润滑脂时，不进油的主要原因如下。

①黄油枪缸筒内无黄油或压力缸筒内的黄油间有空气。
②黄油枪压油阀堵塞或注油接头堵塞。
③黄油枪弹簧疲劳过软而造成弹力不足或弹簧折断而失效。
④柱塞磨损过甚而导致漏油。
⑤黄油嘴被泥污堵塞而不能注入黄油。

5. 千斤顶

千斤顶是一种常用又简单的起重工具，按照其工作原理可分为机械式和液压式两种，如图 9-22 所示。按照所能顶起的质量，千斤顶可分为 3、5、8、10 和 15 t 等多种规格。两种千斤顶都有体积小、质量小的优点。目前广泛使用的是液压式千斤顶。

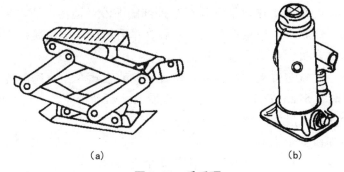

图 9-22 千斤顶
（a）机械式；（b）液压式

液压式千斤顶的使用方法如下。

（1）起顶汽车前，应把千斤顶顶面擦拭干净，拧紧液压开关，把千斤顶放置在被顶部位的下部，并使千斤顶与被顶部位相互垂直，以防千斤顶滑出而造成事故。

（2）旋转顶面螺杆，改变千斤顶顶面与被顶部位的原始距离，使起顶高度符合汽车需要的顶置高度。

（3）用三角形垫木将汽车着地车轮前后塞住，防止汽车在起顶过程中发生滑溜事故。

（4）用手上下压动千斤顶手柄，被顶汽车逐渐升到一定高度。在车架下放入安全支架，禁止用砖头等易碎物支垫汽车。落车时，应先检查车下是否有障碍物，并确保操作人员的安全。

（5）慢慢拧松液压开关，使汽车缓慢平稳地下降，架稳在安全支架上。

使用千斤顶时应注意的事项如下。

（1）千斤顶的顶举能力一定要大于或等于重物的质量，否则容易发生危险。

（2）在汽车起顶或下降过程中，禁止在汽车下面作业。

（3）需要使汽车下降时应缓缓拧松液压开关，汽车下降速度不能过快，否则易发生事故。

（4）千斤顶要放在坚实的地面上，如果在松软路面上起顶汽车，应在千斤顶底座下加垫一块面积较大且能承受压力的材料（如木板等），防止千斤顶工作时发生歪斜。千斤顶与汽车接触位置应正确、牢固。

（5）千斤顶把汽车顶起后，当液压开关处于拧紧状态时，若发生自动下降故障，则应立即查找原因，及时排除故障后方可继续使用。

（6）液压式千斤顶需要较长时间支撑重物时，应在重物下面垫安全支架。

（7）千斤顶缺油时，应及时补充规定油液，不能用其他油液或水代替。

（8）千斤顶必须垂直放置，以免因油液渗漏而失效。

（9）千斤顶存放时，应将螺杆、滑塞杆或齿条降到最低位置。

6．汽车举升机

汽车举升机在汽车维修中应用广泛，一般采用电动液压操纵系统驱动，设有双保险自锁保护装置，具有升降平稳、安全可靠等特点。汽车举升机按结构特点可分为电动液压举升机和电动机械举升机，按立柱数可分为双立柱式、四立柱式和龙门式举升机。

汽车举升机的使用方法如下。

（1）整车举升作业的准备工作包括清除汽车外部的泥沙及油污，清除举升机作业区的障碍物，检查举升机的工作状态，检查汽车质量是否在举升机的限定负荷范围内等。

（2）将汽车驶入举升机至合适位置并定位。

（3）找好支撑点，设置定位支架和杆臂，保证定位点在汽车上正确就位。

（4）将汽车顶离地面 5 cm 左右，摇晃汽车，查看有无窜动迹象，如定位不牢应重新设置。

（5）举升汽车至所需高度后，锁止举升机。

（6）在规定部位加设安全支架。

（7）完成检修作业后，从车下移开工具箱和安全支架等。

（8）松开锁止装置，使举升机缓慢下降至最低点。

（9）将定位支架和杆臂移出汽车定位区，将汽车驶出举升作业区。

使用汽车举升机时应注意的事项如下。

（1）汽车的总质量不能大于举升机的起升能力。

（2）尽量使汽车的重心与举升机的重心相接近，严格防止偏重。为了方便打开车门，汽车与立柱间应留有一定的距离。

（3）转动、伸缩、调整举升臂至汽车底盘指定位置，并使其接触牢靠。

（4）汽车举高前，操作人员应检查汽车周围人员的动向，防止意外。

（5）汽车举升时，要在汽车离开地面较低位置进行反复升降，无异常现象时方可举升至所需高度。

（6）汽车举升后，应落槽于棘牙之上并立即进行锁紧。

思考与练习

（1）液压式千斤顶的使用方法是什么？

（2）活塞环拆装钳的使用方法是什么？

（3）气门弹簧拆装钳的使用方法是什么？

参 考 文 献

[1] 林平.汽车发动机机械系统检修[M].北京:人民交通出版社,2009.
[2] 仇雅莉.汽车发动机构造与维修[M].北京:机械工业出版社,2008.
[3] 李庆军,王甲聚.汽车发动机构造与维修[M].北京:机械工业出版社,2009.
[4] 成伟华.汽车发动机机械构造与检修[M].北京:人民交通出版社,2011.
[5] 张俊.汽车发动机电控技术[M].北京:北京大学出版社,2011.
[6] 汪臻.汽车发动机构造与维修[M].西安:西安电子科技大学出版社,2013.
[7] 陈文华.汽车发动机构造与维修[M].北京:人民交通出版社,2001.
[8] 王兴国,刘毅.汽车发动机构造与维修[M].北京:人民交通出版社,2012.
[9] 刘志忠.汽车发动机机械系统检修[M].北京:清华大学出版社,2012.
[10] 李香桂.汽车发动机构造与维修[M].成都:西南交通大学出版社,2013.
[11] 向志渊,王春.汽车发动机构造与维修[M].北京:国防工业出版社,2015.
[12] 杨柏青.汽车发动机机械系统检修[M].北京:北京大学出版社,2009.
[13] 张贺隆,王军.汽车发动机机械系统检修[M].北京:北京理工大学出版社,2010.
[14] 蒋瑞斌,黄敏雄.汽车发动机机械系统检修[M].北京:机械工业出版社,2014.
[15] 武忠.汽车发动机机械系统检修[M].北京:机械工业出版社,2013.
[16] 吴际璋,王林超.当代汽车电控系统结构原理与检修[M].2版.北京:人民交通出版社,2009.
[17] 余志生.汽车理论[M].5版.北京:机械工业出版社,2009.
[18] 金国栋.汽车概论[M].2版.北京:机械工业出版社,2010.
[19] 于增信.汽车发动机构造、原理与维修[M].北京:机械工业出版社,2014.